暮らしに活かす不動産学

齊藤広子・中城康彦

暮らしに活かす不動産学（'22）

装丁・ブックデザイン：畑中　猛

s-58

まえがき

私たちの暮らしは不動産に支えられています。不動産がなければ、暮らしは成り立ちません。不動産は、国民の生活、国民の経済にとって必要不可欠な財なのです。

例えば、住まいをとりあげて考えてみましょう。私たちは、そこで一日のスタートをし、そこで一日を終えます。暮らしのなかの多くを住まいという不動産のなかで過ごします。家族とだんらんをしたり、明日も元気に仕事ができるように、休息する場でもあります。

住まいに問題があれば、私たちの暮らしは一変してしまいます。住まいはほかのものと違い、簡単にとりかえることはできません。簡単に捨てることもできません。そして長く使う、高価なものです。

しかし、私たちは、住まいの利用にあたっての知識をもっていないことが多いのです。多くの人にとって、住まいを借りること、購入することの機会は多くありません。そのため、経験を積み、経験から学ぶことはなかなかできないのです。そして、住まいを借りることや購入することに関する知識を教えてくれる機会や場はほとんどありませんでした。

住まいだけでなく、不動産すべてが私たちの暮らしを支える大事な資産です。社会にとっても大事な資産なのです。そして、これからも永遠に私たちは不動産とのかかわりを断ちえないのです。

放送大学では、生活や暮らしの視点から不動産を学ぶことを大切と考え、「生活者のための不動産学　入門（2013 年開講）」、「生活者のための不動産学への招待（2018 年開講）」を開講してきました。今回の「暮らしに活かす不動産学（2022 年開講）」は、本シリーズの第３になります。シリーズ第１では、いままでの不動産学は、不動産業者や不動産にかかわる専門家などを主に対象にしたものから、目線を生活者にするという試みにチャレンジしました。不動産学が、国民にとって身近なものになったのではないでしょうか。シリーズ第2では、人口・世帯減少、少子高齢化から、空き地や空き家問題、超高齢社会に対応した生活の必要性から、新たな視点を加えました。今回のシリーズ第3では、グローバル化、SDGs、新型コロナウィルス感染症拡大等といった社会の新たな動向を踏まえ、不動産はつくる時代からマネジメントの時代へ、そして、国民が不動産学を学ぶ意味は、トラブル予防だけではなく、よりよい暮らしを実現するためという視点を新たに加えております。

不動産学は、私たちの暮らしを豊かにするための学問です。世の中で起こりえる問題を予防、解消し、よりよい暮らしの実現のために、社会が求めることに常に向きあう学際的総合学、実践学です。ですから、社会のニーズに応じて変化することが求められています。そして、単体の学問では解けない問題を学際的に総合的に解くことが求められています。

本書では、私たちの暮らしに身近な不動産に関するテーマをとりあげて、太郎さんと花子さんと一緒に、不動産学の基礎的な知識と考え方を学ぶように構成しています。そして、皆さんが暮らしのなかで、不動産に関する「なぜ？」「どうして？」「なに？」という疑問にこたえられるようにしました。

国民の誰もが、不動産学を学ぶことで、不動産に関するトラブルを予防・解消し、より豊かな暮らしの実現、さらにはより豊かなまち、都市の実現につなげていきましょう。

2022年3月

齊藤広子（著者を代表して）

目次

1　暮らしに活かす不動産学

齊藤広子

《**目標 & ポイント**》 不動産学とは何だろうか。私たちの生活にどう関係するのか。不動産学とは、いかに私たちの暮らしに身近な学問で、かつ総合的・学際的・実践的な学問であるかということを、太郎さんと花子さんの暮らしを通して理解しましょう。
《**キーワード**》 不動産学、不動産

1. はじめに

私たちの暮らしは、土地や建物といった不動産を基盤にしている。不動産は暮らしに身近なものであるにもかかわらず、国民の多くは不動産に関して十分な知識をもっていない。ゆえに、私たちの暮らしのなかで、不動産に関する様々なトラブルが発生している。不動産に関する正しい知識があればトラブルを未然に防ぎ、かつ豊かな暮らしにつながることになる。そこで、暮らしのなかで出合う不動産に関する身近なテーマ、例えば、「住まいを借りる」「住まいを購入する」「マンションを管理する」「住まいを相続する」「不動産に投資する」「空き家を利活用する」などを取り上げて、不動産に関する基礎的な知識を学び、豊かな暮らしの実現を目指す。豊かな暮らしの実現には、国民一人ひとりが不動産に関する正しい知識を身につけることが必要であり、国民の暮らしを守るための不動産に関する法制度や仕組み、市場の整備、人材育成等が必要である。

2. 不動産とは何か？
ぼろぼろの空き家も不動産？　畳も不動産？

(1) 不動産とは

不動産とは、「土地及びその定着物（民法86条1項）」である。そして、ぼろぼろの空き家であっても土地に定着しているものであれば不動産になる。

では、土地に定着しているものとは何か。土地について離れないものであり、一般的には建物になり、その他に樹木、鉄塔などがある。

それでは、建物とは何か。建物とは、屋根・壁などがあり、土地に定着しており、建物の利用目的が達成できる、利用上も構造上も独立した利用が可能なものである（不動産登記法上の考え方）[1]。例えば、壁がなく、屋根と柱だけのガレージや、公園にある東屋（あずまや）などは構築物で、建物に含まれない。しかし、土地に定着しているので不動産である。

また、住宅等の建物に付随している襖、障子、畳は不動産か。これらは不動産から取り外し、持ち運べることができる動産になる。しかし、建物に付属する従物として、不動産の売買、賃貸借では不動産に付属するものとして、扱われることが現代社会では多い。特に、近年では、家具や電化製品が不動産売買、賃貸借に含まれることがあり、一方では、借りる場合でも、内装を入居者が自由にできる、あるいは間取りを変え

注1）建築基準法では、建築物とは土地に定着する工作物のうち、屋根及び柱若しくは壁を有するもの（これに類する構造のものを含む。）、これに附属する門若しくは塀、観覧のための工作物又は地下若しくは高架の工作物内に設ける事務所、店舗、興行場、倉庫その他これらに類する施設（鉄道及び軌道の線路敷地内の運転保安に関する施設並びに跨線橋、プラットホームの上家、貯蔵槽その他これらに類する施設を除く。）をいい、建築設備を含むものとする（2条1号）。不動産登記上の「建物」の考えとして、不動産登記規則では「建物は屋根及び周壁又はこれらに類するものを有し、土地に定着した建造物であって、その目的とする用途に供し得る状態にあるものでなければならない（第111条）」とあり、建築基準法の考え方とは異なっている。これは2つの法律の目的が異なるからである。

られるなどがあるため、不動産として取り扱う対象の幅が出てきている。よって、本来の定義を知りながらも、不動産を扱う場合には対象の範囲を明確にし、確認することが必要となる。

(2) 不動産の特性

不動産は他の財[2)]と比べ、どのような違いがあるのか。

第１に、動かない、不動性がある。土地とそれに定着しているものは動かない。動かせない。地域に根付いたものである。よって、地域のなかで適正な利用が求められる。また、適正に管理をしないと、近隣・地域に悪影響を及ぼす。いわゆる外部性である。ゆえに、不動産を所有する人、利用する人には適正な管理の責任があり、その責任は法律で決められており、さらには、私人（しじん）の間のルールなどでも決める必要がある。

第２に、不動産のなかでも土地は限りあるもので、不増性がある。ゆえに、買占め等が行われると供給量を増加できず、不動産価格の急騰につながる。よって、豊かな暮らしの実現のために、不動産に関する政策・制度、市場整備が必要となる。

第３に、不動産は世の中に同じものは２つない、独自性、非代替性、非同質性、個別性といわれる性格がある。つまり、その土地は１つしかない。まったく同じ住宅が建っていても、同じ土地にたつ同じ住宅は世に２つは存在できない。わが国では土地と建物は別々の不動産であるが、一体になることで、新たな価値をもち、個別性が高まる。つまり、価格や機能・利便性は、すべての不動産で個別性をもつ。それゆえに、価格の鑑定には個別性を踏まえた独自の方法が必要となる。また、安心安全な不動産取引のために地価公示制度等の制度や政策がある。

第４に、不動産は他の財に比べ耐用年数、利用期間が長い。日本の住

注2）人間の要望を充足するために必要な物質的な手段、あるいはサービスのことである。不動産は、財のなかでも物質的な手段である「物」が対象となる。

まいや建物は、欧米に比較し、寿命が短い。しかし、2008年には長期優良住宅法（長期優良住宅の普及の促進に関する法律）が公布され、また、SDGs（Sustainable Development Goals：持続可能な開発目標）が世界的に共通の目標となっており、環境への配慮からも建物の長期利用への期待が高まっている。そこで、これからは不動産はつくる「開発」「建設」から、いかに長く快適に使うのか、さらには市場や相続でどのように次世代に円滑に引き継がれるかという「利用」が重要な課題となる。不動産は時代を超えて使われ続ける財であり、そのための制度が必要である。さらに、長期間暮らしを支える建物や土地は安全性、快適性、利便性等の性能が求められる。つまり、不動産の政策が必要となる。

第5に、不動産は都市の構成要素である。私たちが朝起きたときにいる住まいも不動産、そこから駅に向かう道、周りの住宅、公園、駅、そして到着した会社がはいっている建物、昼食を買いに行く商店、食事をする飲食店、すべてが不動産である。都市は不動産で構成されている。つまり、都市の景観、都市の使いやすさはどんな不動産をつくられるかにかかっている。そして、不動産は開発利益、外部不経済など、地域に与える影響が大きい。不動産とは他の不動産にも影響を与える、相互に価値に影響を与えあうものである。不動産は個人の財であっても、社会を形成する社会的な財、地域資源の側面がある。不動産の利用をコントロールする公法、そして公的な制度やルールが必要となる。

第6に、不動産は関係者の合意のもとで成り立つものである。借家の場合は、家主と居住者、借地の場合は、地主と借地人、境界に関しては隣家間、区分所有のマンションであれば区分所有者間、売買であれば売主と買主、戸建て住宅地では良好な街並み形成のために建築協定の締結などについては土地所有者と借地人など、不動産所有者・利用者等の関係者、これらの合意が必要である。そのため、私法の契約やルールが必要となる。

3. 不動産学って何？　なぜ、不動産学が必要なの？

(1) 不動産学とは

不動産は他の財とは異なる性格がある。ゆえに、適正につくられ、利用、管理、消滅されるには、不動産、それを取り巻く環境・社会を、国民のために、広くは全人類のために健全なものにすることが必要になる。そのための学問が不動産学である。不動産を通じて、国民の暮らしを守り、快適なものにするには、不動産独自の価値、ルール、法（公法・私法）、制度、政策、市場、技術、人材育成、マナー・文化、教育等が必要で、その実現方策の基礎となる不動産学が必要となる。

(2) ストック社会と不動産学

人口・世帯減少のなかで、ストック（Stock）社会が到来し、より一層、不動産学の重要性が高まっている。建物をつくるのであれば建築・建設、土地（宅地）をつくるのであれば土木という分野がある。こうした分野でつくられたものを適正に使い続けられるようにするのが、不動産として捉えることになる。適正に使い続けるには管理が必要となる。管理方法は建物の形態、構造や材料、所有の仕方や経済状況等によって異なるため、その物理的な側面と、法的な側面や経済・経営の側面から総合的に考えることが必要となる。これが不動産として捉えること、不動産学の意義となる。

不動産学は、適正な利用の推進のため、権利の面では個人の財産権を守り、かついかに公共の福祉・共同の利益とのバランスをとるのか、あるいは居住の権利を守るのかが重要なテーマとなっている。そのため、政策や制度、市場、技術等と連携し、効率的で民主的な運営で実現する方策を検討してきている。所有者不明や管理不全の不動産の存在等から、検討すべき課題も変わってきている。こうした成果は政策や制度とも連携し、社会事情にあわせて、直接介入、規制、支援・誘導、調整・情報提供等が行われており、近年は「つくる」ことへの規制だけでなく、ストックの管理への直接介入・誘導もみられ、土地基本法をはじめとした法が改正され、不動産の適正な管理の必要性、不動産所有者等の責務が明確になっている。

(3) 実践的総合的問題解決型学問

不動産学の特徴に、目の前に起こっている問題を実践的に考え、解決を総合的に考えることがある。例えば、空き家の増加による近隣や地域の問題が深刻化しているが、空き家の問題解決には、所有者の特定をはじめ、借地の場合は借地権の権利の整理や清算、利活用のためには耐震性能の検査や利用の価格の設定等が必要となり、法的側面、経済的側面、工学的な側面からの総合的な対応が必要となる。

また、築年数が経った区分所有のマンションが増え、建替え等の再生が重要な課題となっている。マンションの建替え等が円滑に行われないと、地域への外部不経済を及ぼす可能性もあり、所有者のみならず近隣住民からみても問題となり、社会問題化する可能性がある。そのため、マンションの建替えを円滑に行う必要があり、区分所有法に基づいて合意形成を行い、事業に参加しない人の住戸を買い取り、新たなマンションを建てることになる。そのため、建物の劣化の状態を把握し、法に基づいた合意形成、買い取りのために不動産鑑定をして時価を踏まえ、売り渡し請求をする。こうした法的側面、経済的側面、工学的な側面からの総合的な対応で問題に対処する必要がある。

法学、経済学、工学などの多様な側面を総合的に捉え、実践的に問題の解決を考えるのが不動産学である。

(4) 諸外国における不動産学の発展

不動産学教育は古くからあるが、近代以降の高等教育機関（大学）での不動産学教育は大きく３つのアプローチがある。第１はサーベイイング（surveying）アプローチといわれるイギリス型である。第２は投資・金融アプローチといわれるアメリカ型である。第３は学際的アプローチといわれる折衷型である。

イギリスでは、ロンドンの不動産管理カレッジ（The College of Estate Management：現在 University College of Estate Management）が1919年に設立され、サーベイヤになる人材育成を主とし、1967年にレディング大学（University of Reading）と統合するが、2015年から独立している。レディング大学では、不動産・計画（Real estate and planning）学部と建設管理・工（Construction Management and Engineering）学部で不動産学教育を行っている。同じくイギリスのケンブリッジ大学（University of Cambridge）では、1919年にアグリカルチャースクールのなかに不動産管理講座をつくり、1946年に不動産管理（Department of Estate Management）学部となる。当学部は大学内の不動産管理を担当する部署でもあった。1962年から学問部分が独立し、土地経済（Land Economy）学部となる。

アメリカでは、1905年にペンシルベニア大学（The University of Pennsylvania）とニューヨーク大学（New York University）で不動産学コースが開設されている。

こうして不動産学教育は、欧州、アメリカ、アジアにも広がり、学問の対象が開発から管理へと移りつつある。

(5) 日本における不動産学の発展

日本では、バブル経済期には不動産価格が高騰する等、不動産が国民の暮らしによくない影響を与えた。土地問題、住宅問題、都市問題、交通問題、環境問題などが起こり、事態は深刻化した。そこで、こうした様々な問題を予防、解消するために、経済や生活に重要な影響を与える不動産を中心に総合的に学際的に考える教育・研究機関の確立が求められた。

産業（民間企業)、官（国・地方自治体)、学（教育・研究機関）の3者が共同で不動産を考える場として、日本不動産学会が1984年に設立され、1992年には日本大学大学院理工学研究科に不動産科学専攻、明海大学には日本初の不動産学部ができ、本格的に不動産学教育がはじまっている。

不動産学教育は、不動産に関して総合的に問題に取り組める人材の育成を、不動産学研究は、不動産に関する法・市場・政策など、単体の学問では解けない課題を学際的に総合的に、産官学連携で実践的に取り組むための新たな論理と方法の解明と確立を目指している。しかしながら、不動産学教育は専門家、特に不動産を業とする人材教育が中心となり、国民全般の不動産学への関心、教育水準の向上へと広がっていない現状があった。それは、不動産学が社会の変化に紛動され、学問や研究の方法が十分に確立しないまま、今日にいたってきたことが原因としてあるが、不動産学の意義や効果が社会的にいまだ十分に認識されていないことにも起因している。

4. 不動産学がなぜ暮らしに必要なのか？

(1) 国民一人ひとりが不動産学を学ぶ必要性

国民はどうして不動産に関する基本的な知識や考え方を学ぶことが必

要なのか。なぜ、暮らしに必要なのか。

第１に、不動産は暮らしのなかの生活や仕事を行う場で、なくてはならないものである。かつ多くの時間を過ごす場である。私たちは１日の多くの時間を、また人生の多くの時間を不動産で過ごす。ゆえに、身体・生命に与える影響は大きく、安心・安全などの基本的な性能はどんな不動産にも最低限求められ、かつ各人にとっての快適性・利便性・経済性の確保のための理解が必要となる。

第２に、国民の多くは必要な不動産を市場を通じて得ることになる。つまり、不動産は商品であり、購入するにしても借りるにしても高価なものである。例えば、首都圏の住宅価格はマンションの平均値は5,980万円（2019年）で年収の7.4倍、戸建て住宅は5,130万円（2019年）で、年収の6.3倍である。多くの人にとって、人生最大の買い物が不動産である住宅になる。しかし、一般の国民は、人生に何度も不動産の取引をした経験がないゆえに、経験を通じて学ぶことは難しく、また取引に関する専門知識を一般的にはもたないゆえに、適切なものを手に入れることができず、あるいは適正な対価で手に入れることができない、ときにはトラブルになることがある。ゆえに、不動産取引に関して正しい知識をもつことが必要である。

第３に、不動産が与える近隣、地域への影響も私たちの暮らしに大きな影響を及ぼす。ゆえに、不動産を取り巻く社会の仕組み、都市・まちへの影響や制度、政策などについての理解を深めることが必要である。

国民誰もが暮らしのなかで不動産と密接に関係をもつため、不動産学を学ぶことには意味がある。さらに、こうした暮らしの基盤をつくる不動産が時代の変化に対応しながら、適正にあり続けるには、不動産独自の特性を踏まえたうえでの理論の確立として不動産学が必要となる。

表 1-1　本講座のストーリー

○太郎さん・花子さんの人生

〈独身期〉

太郎さん、就職のため、東京に出てきました。はじめて住まいを借ります。在宅勤務も想定し、広い住まいがよいのですが、広告で 1LDK と書かれており、一方は、2DK となっています。どう違うのでしょうか。住まい探し、そして契約には何に気をつければよいでしょうか（2 章）

〈新婚期〉

太郎さんと花子さんは結婚し、2 人で新居を構える予定です。太郎さんは都心で働き、花子さんは郊外で働いています。在宅勤務も導入されています。大雨や台風、土砂災害、さらに地震などの災害に安全かどうかが気になってきました。どこに住めばよいでしょうか（3 章）

住むエリアはおおむね決まりましたが、住まいの周りの住環境も気になります。具体的な住まいを選ぶうえで、どのように、住まう環境をみればよいでしょうか（4 章）

いろいろ不動産を探していると、都心か郊外かによっても家賃、住宅価格も違ってきますが、方位や階層によっても違います。そもそも住まいの価格とはどのように決まるのでしょうか（5 章）

借りようと思っていたら、「買った方が得ですよ」といわれて、突然迷いだしました。確かに、家賃と住宅ローンの返済額はあまりかわりません。みるべき費用はそれだけでよいのでしょうか。税金の支払いも必要でしょうか（6 章）

〈子育て期〉

子どもが生まれ、そろそろ住まいを買おうかと考え、探し始めます。マンションがよいのか、戸建て住宅がよいのか、戸建て住宅でも注文住宅がよいのか、建売住宅がよいのかわかりません。これほど多くある住宅のなかでどのように選べばよいのでしょうか（7 章）

いろいろ考えた結果、購入する住まいを決めました。再建築不可って何でしょうか。重要事項説明とは何でしょうか。契約とは、サインしてハンコを押すだけではないのですか。契約をする際に、どんな点に気をつければよいでしょうか（8 章）

マンションを買いました。しかし、何を買ったのでしょうか。順番ですぐに管理組合の理事になりそうです。管理組合には入らないといけませんか。修繕のための費用も必要だといわれました。壊れているのでしょうか。マンションの所有と管理の仕組みはどうなっているのでしょうか（9 章）

子どもが大きくなってきたので、戸建て住宅に引っ越しを考えています。中古住宅を購入し、リフォームしたいと考えています。どんなことに気をつければよいでしょうか（10 章）

〈30 年ほど経過し、熟年期〉

子どもも独立し、夫婦 2 人になり、親の介護と自分たちの将来を考えるようになりました。高齢期の住まいと資産の活用方法にはどんな方法があるのでしょうか。リースバックやリバースモーゲージが気になります（11 章）

親の財産を相続することになりそうです。相続税がかかるのでしょうか。親から相続した不動産をどう活用すればよいでしょうか。土地を使ってアパートを建てることも考えていますが、最近話題のサブリース問題などが心配です（12 章）

親の財産を処分し、不動産投資を考えています。不動産を自ら所有・経営は大変なので、不動産ファンドに関心があります。そもそも、それはなんでしょうか。不動産証券化とはなんでしょうか（13 章）

近所をみたら、空き家・空き地が増えています。治安が悪く、心配です。どうして空き家になるのでしょうか。どんな利活用があるのでしょうか。空き家をうまく活用して、まちの活性化ができないでしょうか（14 章）

太郎さん・花子さんは、暮らしに余裕ができ、自分たちのまちに関心が高まってきました。ぜひ、住みよいまちにしたいと思っています。どうすれば、もっと住みよいまちに自分たちでできるのでしょうか（15 章）

(2) 本講座における構成

本講座では、人間のライフサイクルから、不動産とのかかわりをみつめ、ライフステージごとにかかわる不動産のテーマを取り上げ、不動産を支える法・制度や政策、市場、技術等について解説する。

5. 暮らしに活かす不動産学

不動産は私たちの暮らしに大きくかかわり、暮らしに与える影響が大きい。だからこそ、国民誰もが不動産に関する知識を学ぶことで自らの暮らしにおけるトラブルを予防できる。そして、より豊かな暮らしの実現、さらにはより豊かなまち、都市の実現につながることになる。

よって、国民誰もが不動産学を学び、豊かな暮らしを創ることが重要になる。

学習課題

1. 自分の暮らしのなかで、身近な不動産として何があるかを考えてみよう。
2. 不動産に関する社会的な問題を考えてみよう。最近、どんな事件があっただろうか。

参考文献

1. 齊藤広子『はじめて学ぶ不動産学　住まいとまちのマネジメント』市ヶ谷出版社　2018年
2. 石原舜介・高辻秀興他『不動産学概論』放送大学教育振興会　1993年
3. 高辻秀興・前川俊一他『不動産学の基礎』放送大学教育振興会　1997年
4. 齊藤広子・中城康彦他『生活者のための不動産学入門』放送大学教育振興会　2013年
5. 齊藤広子・中城康彦他『生活者のための不動産学への招待』放送大学教育振興会　2018年

コラム

外部性とは？　藤原　徹

本書では、いたるところに「外部性」という用語が出てくる。この外部性とはいったい何だろうか？

私たちは消費者として、日々様々なモノやサービスを消費している。また、仕事をしているときには、モノやサービスを提供する側に立っている（生産者)。大半のモノやサービスは有償でやりとりされる。つまり市場（しじょう）で取引されている。

不動産の取引を典型に、その取引が当事者以外に影響を及ぼすことがある。その影響に関する市場取引がないときに、「外部性」がある、といいう。例えば、高層ビルを建築して、周辺の日照が悪くなったとする。高層ビルの建築・販売は市場取引であるが、「日照が悪くなった」ことについて、高層ビルの建築主・買主と、日照が悪くなったことによる影響を被る人々との間で、市場取引は発生していない（話し合い等、何らかの形でのやりとりはあるかもしれないが)。

不動産はこのような外部性があらゆるところに現れる。近年問題となっている空き家・空き地問題、騒音や振動といった住環境、街並みの形成等々である。したがって、不動産学を学ぶには、外部性をいかにうまくコントロールするかを学ぶことが非常に重要になる。

では、外部性があると何が問題なのだろうか。周りが迷惑するからだろうか。実はそうではない。外部性には上記のような「悪い」影響を与える場合（外部不経済）だけでなく、「良い」影響を与える場合（外部経済）もある。例えば、都市に多くの人が居住することによって、都市全体の生産性が上がったり、消費のバラエティーが増えたりする（集積の経済)。この場合、個別の企業の立地や個々人の居住地決定は市場取引を通じてなされるが、そのことによって都市全体の生産性が上がる、という部分に対しては市場取引が発生していない。したがって、外部性の問題の本質は、その市場取引を社会全体でみたときに、社会全体にとっての価値（社会的便益）と費用（社会的費用）とがバランスしていないところにある。

市場取引では、消費者にとっての価値と生産者にとっての費用に基づいて取引がなされる。外部不経済がある場合には、取引当事者が負担する費用に、周辺への影響がカウントされていない。このことから、社会的費用よりも安い費用で市場取引が成立し、（安いので）過大な量を消費してしまうことになる。

これは種々の環境問題にもあてはまる。私たちが支払う代金には「環境にダメージを与えてしまうこと」に対する費用は通常は含まれていない。

外部不経済への対策としては、社会的費用と取引当事者の私的な費用とのギャップ（「外部費用」という）を埋めるように課税をしたり（例：炭素税）、取引を減らすことに補助を出したりといった方法がある。ただし、外部費用の計測は難しいことも多く、課税に対する政治的抵抗も強いと考えられる。したがって、規制をかける（例：環境基準等）、当事者間で交渉するといった手段が取られることが多い。

不動産の分野での外部不経済は、影響が近隣に限られる局地的なものが多いと考えられるので、地域の実情に応じたきめ細かな対策が必要となってくる。また、発生している外部費用と対策にかかる費用とのバランスも慎重に検討していく必要がある。

参考文献

外部性はミクロ経済学における重要なトピックである。
八田達夫『ミクロ経済学Ⅰ・Ⅱ』、東洋経済新報社　2008年、2009年
は不動産に関する応用も視野に入れたテキストである。

コラム

不動産にかかわる政策　周藤利一

明治維新以降の不動産にかかわる政策の経緯を概観してみよう。

現在の不動産に関する法制度の根幹である近代的土地所有権の仕組みは明治時代の地租改正（1873年）と明治民法（1898年）により確立された。明治民法は、使用・収益・処分において自由な所有権を認めるとともに、契約自由の原則を貫いた。東京などの大都市で人口が急増し、大量の借家が借地により建てられるが、底地が売買されたときに、借地人は新しい所有者に対して賃借関係を主張できず、地主が貸地を第三者に売却（その一部には仮装売買もあった）することで借地上の建物がまるで地震に遭ったように壊されることになり、「地震売買」と呼ばれた。

そこで、1909年に建物保護法が制定され、借地上に建物があるときは、土地賃借権の登記がなくても建物の登記（借地人が単独でできる）があれば借地権を土地の買主に対抗できることを規定した。そして、存続期間や地代・家賃の問題を規律するため1921年に借地法、借家法が制定された。これらの法律の

基本スキームは、現在の借地借家法に受け継がれている。

こうした自由な土地所有権との調整は今日にいたるまで政策上の基本テーマであり続けている（空き地・空き家、所有者不明土地問題など）。

「火事と喧嘩は江戸の華」といわれた東京のまちづくりの最初は防火対策であり、その代表例が銀座の煉瓦街（1872年）である。そして、東京市区改正条例（1888年）、1919年の都市計画法、1968年の都市計画法により都市計画制度が発展してきた。

20世紀末までの日本の都市計画は、人口・産業の都市への集中と、戦争・災害という大きな外圧に対し、秩序ある都市空間を計画的に進めていく仕組みを模索する歴史を辿ってきた。

21世紀のまちづくりと都市計画制度は、人口減少、地球環境問題や頻発する災害などへの対応をテーマに、都市再生、コンパクトシティ＋ネットワーク、官民連携といった新しい概念に基づき構築されつつある。

住宅・宅地の供給は、戦前はもっぱら民間に委ねられていたが、長期低利の住宅資金融資のための住宅金融公庫（1950年）、低所得者のための公営住宅（1951年）、勤労者向けの公団住宅（1955年）という3本柱により、公民が住宅・宅地を供給する仕組みが高度経済成長時代を中心に日本の経済社会を支えた。

今日の住宅政策は、住宅確保要配慮者への対応、ストックの活用、健康や環境への配慮といった多様なニーズを充足させることが求められている。

1980年代末の資産バブルの発生とその崩壊は、土地はもっていれば必ず値上がりするという土地神話を崩壊させ、不動産と金融の関係にも神経を注がなければならないという教訓を与え、政策上の課題として市場の変動に対するコントロール、政策分野間の連携・協調というメニューが追加された。

また、金融手法の革新にともなう証券化の発達と貿易自由化の進展にともなう経済のグローバリゼーションは、いわば不動産も輸出入できる時代を招来し、政策に対し国際的な視点も求めるようになった。

資産バブル崩壊後の長期にわたる経済の低迷は、不動産のあり方の変革をもたらし、人口減少・低成長時代の到来がそれを加速している。それは、右肩上がり時代の終焉、土地の過剰利用から過少利用へ、フローからストックへという言葉に特徴的に示されている。

他方で、不動産は生活や生産の基盤であるという意味において個人や企業にとって不可欠な財産・資産であると同時に、第2章以下で説明するように、優れて社会的な存在であることは、不変・普遍である。

こうした不動産の多義性・多面性を前提として、対立的思考ではなく調和的思考に基づき施策を立案・実行することが、政策の目指すべき方向である。そして、政策の体系は、骨太であると同時に、現実のニーズに適時的確に対応できる、きめ細かなものであることが求められる。

国土交通省は2019年「不動産業ビジョン2030～令和時代の『不動産最適活用』に向けて」を公表した。このビジョンは、官民共通の目標として、(1)「ストック型社会」の実現、(2)安全・安心な不動産取引の実現、(3)多様なライフスタイル、地方創生の実現、(4)エリア価値の向上、(5)新たな需要の創造、(6)すべての人が安心して暮らせる住まいの確保、(7)不動産教育・研究の充実を掲げている。このビジョンを踏まえ、これからの不動産政策が不動産を形成・所有・管理・利用するすべての人々にとって有意・有益なものであるためには、政策関係者、業界の真摯な取り組みに加え、私たち自身の不動産に対する理解の深化が不可欠であろう。

参考文献

渡辺俊一『「都市計画」の誕生』、柏書房　1993年
稲本洋之助・小柳春一郎・周藤利一『日本の土地法［第3版］』、成文堂　2016年
国土交通省『不動産業ビジョン2030』、国土交通省HP　2019年
周藤利一『不動産政策史概論』、不動産適正取引推進機構　2020年

2 住まいを借りる

齊藤広子

《目標 & ポイント》 太郎さんは住まいを探しています。広告の見方がよくわかりません。1LDKってありますが、2DK とどちらが広いのでしょうか。入居時に支払う敷金は退去時に返却してもらえるのでしょうか。定期借家と書いてありますが、定期とは何でしょうか。住まいを借りる場合の基礎的な知識を理解しましょう。

《キーワード》 間取り、原状回復、敷金、定期借家

1. はじめに

住まいを借りる場合にどんなことに気をつければよいのか。現代社会ではじめにインターネットを利用し不動産情報を収集し、住まいを探すことが多くなっている。この情報を正確に理解することが重要になる。そして、住まいを借りる契約をする場合に、どのようなことに気をつけなければならないのか。入居時そして退去時にトラブルにならないように住まいを借りる際の基本的なルールと契約内容を理解することが必要である。また、最近では、DIY 型賃貸借など、あらたな住まい方を支える仕組みがあり、賃貸住宅でも住み手が住まいに手をかけて暮らすことが可能となっている。豊かな暮らしにつながるように住まいを借りる仕組みを学ぼう。

2. 1LDKって何？　2DKとどちらが広いの？

(1) 間取り

1LDKは、間取りの表示方法で1居室とLDKがあること、2DKとは2居室とDKがあることである。つまり、間取りの違いであり、ゆえに、広さの違いを示しているものではない。よって、どちらが広いとはいえない。DK（ダイニングキッチン）やLDK（リビングダイニングキッチン）の表示には一定の基準がある（表2-1）。各部屋の広さは、○畳というういい方をするが、1畳とは畳1枚の大きさで平均的な大きさ1.62m^2を基準とし、それ以上とする。また、建築基準法では、居室には採光や換気のための一定の間口が必要と定められているため、それを満たさない部屋は納戸（N）やサービスルーム（S）と表示している。

住まいの広さは、面積で示すことになる。同じ広さでも間取りによって使い勝手が変わってくる。そこで、何人で住み、住まいをどのように使うのかを想定し、間取りを選ぶ必要がある。例えば、人数が多く、在宅勤務などの可能性もあり、個室数が多い方がよい場合は、同じ広さでも部屋数が多いものを選択することになる。つまり、自分の暮らしにあった間取りを選択することが必要である。

(2) 広告表示のルール

このほかにも、不動産の広告は、消費者にとって住宅を選ぶ重要な情

表2-1　最低必要な広さ（畳数）の目安（下限）

居室（寝室）数	DK	LDK
1部屋	4.5畳	8畳
2部屋以上	6畳以上	10畳以上

（出典）不動産の表示に関する公正競争規約より

報となるため、誤解がないように、また虚偽の表示がないように、ルールが決められている。不動産業者に対しては宅地建物取引業法で、誇大広告の禁止や広告の開始時期の制限などが定められている。また、公正取引委員会の認定を受けた業界の自主規制である「不動産の表示に関する公正競争規約」(以下「表示規約」)では、広告の表示の仕方や基準などが定められている。表示規約によると、交通に関しては、「○○駅から徒歩●分」等と示される場合、その所要時間は、駅からの道路距離80m を1分 (端数切り上げ) として平面的に距離で計算される。ゆえに、坂道、信号の待ち時間や歩道橋の上り下り等の時間は考慮されていな

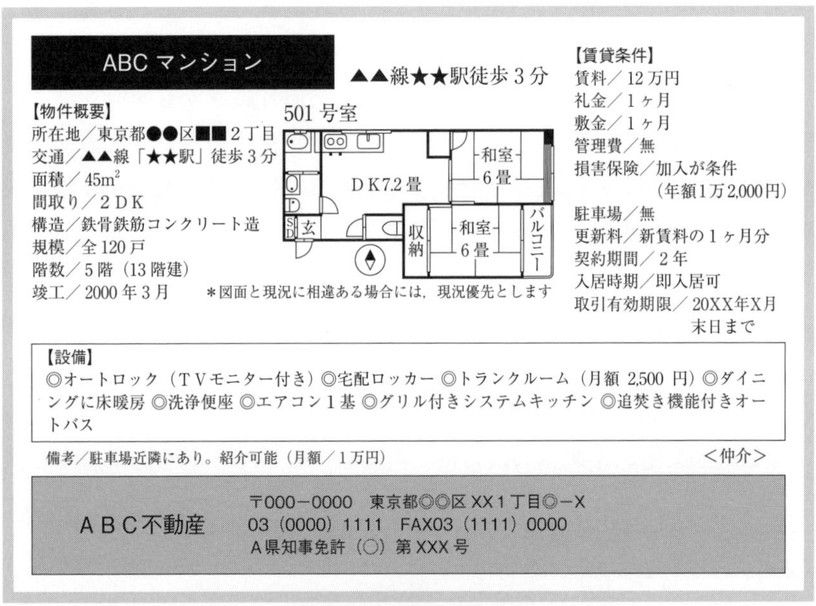

(出典) 不動産ジャパン 住まいを探す、不動産広告の見方
(http://www.fudousan.or.jp/kiso/rent/5_2.html) を参考に作成

図 2-1 不動産広告の例

い。また、団地から駅までの所要時間は、駅から最も近い団地の入り口、駅は改札口ではなく、駅までの一番近い出入り口までが所要時間の対象となる。

なお、広告では、低層・木造及び軽量鉄骨造のものを「アパート」、中高層・非木造のものを「マンション」と称することが多い。これは法律や規約で決まっているのではなく、習慣的に使われているいい方になる。

3. 敷金って何？　退去の時には必ず返ってくるの？

(1) 敷金とは

敷金とは、「賃料債務その他の賃貸借に基づいて生ずる賃借人の賃貸人に対する金銭の給付を目的とする債務を担保する目的で，賃借人が賃貸人に交付する金銭（民法 622 条の 2)」である。住まいを借りる場合に、賃借人とは借りている人で、住まいを貸している人は賃貸人である。敷金は賃料の不払い等があった場合の担保として、賃借人が賃貸人に預けるお金になる。よって、退去時に賃料などの不払いがない場合には全額返却されることになる。民法（622 条の 2）では、「第１項　賃貸人は，敷金を受け取っている場合において，次に掲げるときは，賃借人に対し，その受け取った敷金の額から賃貸借に基づいて生じた賃借人の賃貸人に対する金銭の給付を目的とする債務の額を控除した残額を返還しなければならない。第１号　賃貸借が終了し，かつ，賃貸物の返還を受けたとき。第２号　賃借人が適法に賃借権を譲り渡したとき。同条第２項　賃貸人は，賃借人が賃貸借に基づいて生じた金銭の給付を目的とする債務を履行しないときは，敷金をその債務の弁済に充てることができる。この場合において，賃借人は，賃貸人に対し，敷金をその債務の弁済に充てることを請求することができない」とある。

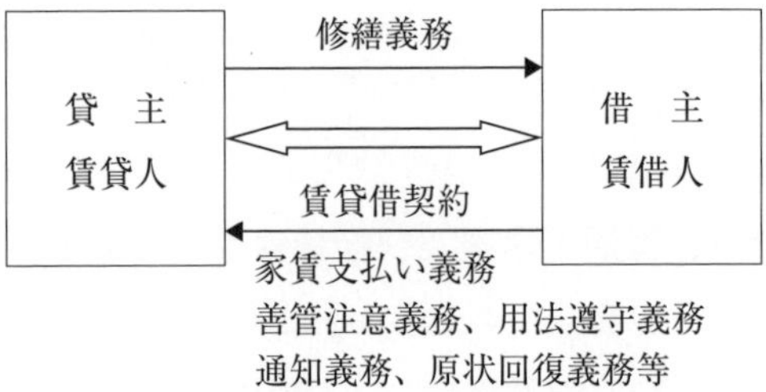

図 2-2　賃貸人と貸借人の関係

敷金の支払いなどのように、住まいの賃貸借契約を締結すると、賃貸人、賃借人にそれぞれに義務と権利が生じる。賃貸人の義務には修繕義務等、賃借人の義務として、家賃の支払い、善管注意義務、用法遵守義務、通知義務、原状回復義務などがある。

なお、「賃貸借は、当事者の一方がある物の使用及び収益を相手方にさせることを約し、相手方がこれに対してその賃料を支払うこと及び引渡しを受けた物を契約が終了したときに返還することを約することによって、その効力を生ずる（民法 601 条）」ことになる。賃貸借契約の一般的で基本的なルールは、民法のなかで決められている。しかし、民法で定められたルールの多くは、任意規定であり、当事者間の契約が優先される。契約で決めていない場合には民法に従うことになる。そして、「契約自由の原則」があるが、弱い立場にある借主を保護するための特別法である借地借家法で定めがあり、そのなかで定められた強行規定に反した、借主に不利な契約内容は、無効となる。

(2) 原状回復義務

賃借人が支払った敷金は必ずしも全額返還されるわけではない。原状回復の費用が敷金から引かれる場合等があるからである。実際に、賃借人と賃貸人のトラブルに「敷金から原状回復費用が引かれて、敷金が返ってこない」等の原状回復に関するものが多い。これは、賃借人に課せられた原状回復義務を遂行するために、賃貸人が賃借人の十分な理解を得ないまま、原状回復費用を見積もり、預かっている敷金からその費用を引き、残りの金額のみを返却するなどが行われることがあるからである。原状回復義務とは、建物を借りている期間中に賃借人が加えた変更や建物価値の減少について復旧することである。民法上では「賃借人

A：賃借人が通常の住まい方、使い方をしていても、発生すると考えられるもの
B：賃借人の住まい方、使い方次第で発生したり、しなかったりすると考えられるもの（明らかに通常の使用等による結果とはいえないもの）
A（＋B）：基本的にはAであるが、その後の手入れ等賃借人の管理が悪く、損耗等が発生または拡大したと考えられるもの
A（＋G）：基本的にはAであるが、建物価値を増大させる要素が含まれているもの
⇒　このうち、B及びA（＋B）については賃借人に原状回復義務がある。

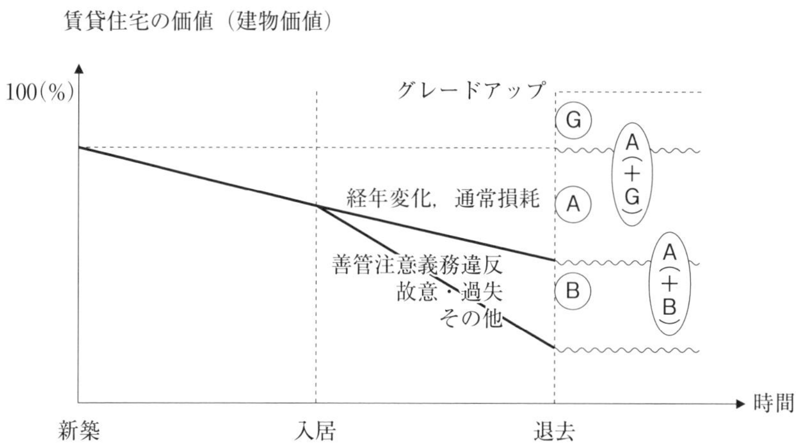

国土交通省「原状回復をめぐるトラブルとガイドライン」より作成

図2-3　原状回復の考え方

は、賃借物を受け取った後にこれに生じた損傷（通常の使用及び収益によって生じた賃借物の損耗並びに賃借物の経年変化を除く。以下この条において同じ。）がある場合において、賃貸借が終了したときは、その損傷を原状に復する義務を負う（621条）」とある。しかし、問題は賃借人がどの程度まで戻す必要があるのかである。例えば、借りている間に、畳が日に焼けてしまった。これも弁償するのか。フローリングを間違って傷つけてしまった。これも弁償するのかである。この点については、国土交通省から原状回復に関するガイドラインが示されている。

ガイドラインでは、原状回復を「賃借人の居住、使用により発生した建物価値の減少のうち、賃借人の故意・過失、善良な管理者の注意義務（善管注意義務）違反、その他通常の使用を超えるような使用による損耗・毀損（以下、損傷等）を復旧すること」と定義している。つまり原状回復とは、「借主が借りた当時の状態に戻す」ことではない。賃借人の不注意による損耗等は、当然、賃借人が修繕費を負担することになる。しかし、通常の使用による損耗や年数が経ったことによる自然損耗の修繕費用は月々の賃料に含まれており、借主に原状回復義務はないとされている。そこで、畳が日に焼けてしまった場合、フローリングを通常の使い方をして傷つけた場合には弁償の必要はない。

前述（図2-3）の原則のもと、賃借人と賃貸人の双方が納得して、原状回復費用負担に関する特約を賃貸借契約のなかでつけることがある。しかし、何でも特約が認められるのではない。それは、賃借人に不利な特約があるからである。特約が認められるのは、特約の必要性があり、かつ、暴利的でないなどの客観的、合理的理由があり、賃借人が特約によって通常の原状回復義務を超えた修繕等の義務を負うことについて認識している、賃借人が特約による費用負担の意思表示をしている等の要件が必要であり、これらの要件を満たしていない場合、特約の内容は有効ではないと考えられている。

(3) 原状回復及び敷金返還トラブル予防のための諸外国の法制度

日本で多い原状回復に関するトラブルについて、諸外国ではどのような対応があるのか。

①法律できめ細かく規定、引き渡し書の利用

ドイツでは法律できめ細かく、敷金の上限や、預かり方法が規定されており、敷金は賃貸人が別口座で保管し、利子も含めて賃借人に返却することになる。また、入居時に引き渡し書を必ず交わすことでトラブルを予防する。引き渡し書を利用し、前の居住者から次の居住者への引き継ぎを不動産業者が立ち合い、記録する。フランスでも、敷金の上限などが法で規定されており、入居退去時に賃借人・賃貸人、不動産業者が立ち会い、壁や天井、床の状態等を確認する。この際に、専用部分だけでなく、共用部分についても確認が行われ、水道や電気のメーターの数字の確認、外構の状態などの確認も行われる。

②専門機関による敷金の預かり制度（Tenancy Deposit Scheme）

イギリスでも、賃貸住宅で多いトラブルとして、敷金返却の問題がある。そこで、トラブル予防のために、敷金預かり金制度を 2007 年 4 月より開始している。敷金は入居時に、賃借人が不動産に損害を与えた場合や家賃不払いに対処するために、家主である賃貸人に支払う。しかし、家主は敷金を返却するのが大変遅い、あるいは不当に費用を差し引くなどの問題があった。そこで、2004 年住宅法で、この状態を改善し、法廷での家主と賃借人の争いを避けるために、敷金を第三者機関が預かるあるいは保険に加入する制度を構築した。賃貸借契約を交わすと、通常 1 か月分の敷金が支払われる。家主または管理会社は契約後 14 日以内に、「敷金を専門機関に預ける」、あるいは「家主や管理会社が敷金を保有していてもよいが保険に入る」かのどちらかを実施する。そしてどちらにしたのかにあわせて家主や管理会社の連絡先、契約期間終了後の返却方法やトラブルになった際の対応の仕方を、賃借人に伝える。賃借人は、30 日以内に家主あるいは管理会社が上記の対処をしない場合に、裁判所に申し出ると、裁判所は賃借人が支払った額の 1～3 倍の金額を賃借人に支払うように命令することになる。賃借人が退去する際には、家主と敷金返却の合意をしたのち、10 日以内にそれを受け取ることになる。また、賃借人と家主が金額に同意できない等の場合は、契約終了から 3 カ月以内であれば ADR（Alternative Dispute Resolution：裁判外紛争解決手続き）サービスを受けることができる。このように敷金の預かり制度は敷金の保護と敷金に関する紛争の解決を支援するためである。尚、すべての場合に適用されるのではなく、賃借人が企業の場合、家賃が一定金額以上の場合、休暇用住宅や大学の寮などは対象とならない。

4. 定期借家って何？
そのほかに契約時に確認すべきことは何？

(1) 定期借家

定期借家とは、定期建物賃貸借契約の借家で、契約で定めた期間の満了により、更新されることなく確定的に賃貸借契約が終了することになる。つまり、約束の期限が来たら賃借人は必ず退去し、明け渡すことが前提となる。こうした契約方法が求められたのは、通常、住宅を借りる場合は、普通借家契約が多い。この場合に、契約期間が終了しても、家主側に正当な事由がない限り、賃借人は契約を更新できる。よって、家主自身が住宅を利用したくなっても利用できず、そのため住宅を貸し出すことを渋り、空き家になっていることがある。こうした住宅を有効利用することを目指し、定期借家制度が創設されている（良質な賃貸住宅等の供給の促進に関する特別措置法（1999年公布）、借地借家法（1999年改正））[1]。定期借家でない場合に、家主に認められる賃貸借契約を終了させる正当な事由とは、1.家主自身あるいは家主の身内の者がどうしても住宅の使用が必要である、2.建物が老朽化しているため取り壊して建替えが必要である、などがある。しかし、正当な事由は家主の事情と借家人の事情の相対関係で決まるため、一概にこの場合に絶対認められるということがない[2]。よって、家主からみると、期間が来たら必ず返却される定期借家という制度が必要になる場合がある。

このように住まいを借りる場合の賃貸借契約には、普通建物賃貸借（普通借家）契約と、定期建物賃貸借（定期借家）契約があり、また、高齢者の場合には終身住める契約（事業者や対象住宅に条件あり）である終身建物賃貸借（終身借家）契約、さらに一時的使用のための契約として一時使用建物賃貸借（一時使用借家）契約がある。

(2) 住まいの性能

定期借家契約以外に、どのようなことを契約時に確認すべきか。

コロナ禍においての新しい暮らし方では在宅勤務が奨励され、2020年4～5月の緊急事態宣言中は実際に多くの人が在宅勤務を実施した。そのため、近隣や地域、住宅内の騒音が気になる人が増え、住まいの性能への関心が高まった。そのため、住まいを借りる際にあらかじめ、住まいの性能を把握する方法として住宅性能表示制度がある（図2-4）。物理的な住宅の性能を10分野34項目をランク付けし、契約する際にその情報を表示し、契約の内容とする制度である。これで音に関する性能

注1）2000年3月1日以降に借家契約をする場合に、定期借家契約を選択できる。

注2）1.建物の賃貸人及び賃借人が建物の使用を必要とする事情、2.建物の賃貸借に関する従前の経過（借家関係の設定事情、賃料等）、3.建物の利用状況、4.建物の現況、5.建物の賃貸人が建物の明渡しの条件として又は建物の明渡しと引換えに建物の賃借人に対して財産上の給付をする旨の申出をした場合にその申出等により総合的に判断される（借地借家法28条）。

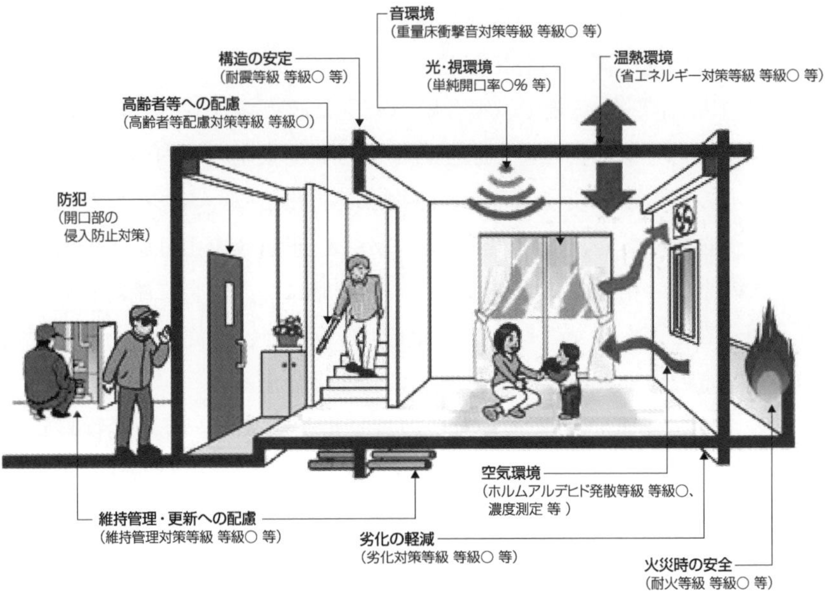

（出典）国土交通省資料

図 2-4　住宅性能表示制度

を把握することができる。しかし、住宅性能表示制度の利用は全住宅の2～3割（平成30年　設計住宅性能評価26.1％、建設住宅性能評価19.9％）であり、特に賃貸住宅での利用は少ない。よって、借りようと考えている住宅の性能に関してはなかなか把握できる仕組みがないのが現状である。

イギリスでは住宅健康安全評価制度（Housing Health and Safety Rating System）[3]があり、民間賃貸住宅を対象に自治体が温湿度、汚染物質（アスベスト、殺生物剤、鉛、放射能等）、採光、騒音、衛生状態、事故の起こりやすさ（感電、火事等、そして階段の長さや高さ、手すり

注3）2004年住宅法に基づき、2006年4月より実施された制度で、対象が民間賃貸住宅に限定したものではないが、主に民間賃貸住宅が対象となり、賃借人からの訴えがあれば、自治体は検査を実施することになる（2010年9月、2016年8月にイギリスでの聞取り調査による）。立入検査を行い、結果によって家主に改修義務が生じる。

の状態、照明や踊り場等も考慮）などの29項目について住宅を調査し、その結果をもとに改善勧告や使用禁止命令を出す。対処されない場合には、自治体が改善を執行し、費用を徴収する制度である。こうした制度の実施で、賃貸住宅における質の向上、安全・安心な住まいの普及が必要である。

(3) DIY型賃貸借

住まいを借りると原則退去時に原状回復が必要となるが、あらかじめ居住者が住まいに手をかけることが認められている借り方がある。住み手自身がDIY（Do It Yourself）することを想定した、DIY型賃貸借である。工事前に家主の許可が必要か。どこをどんなふうに工事をしてよいのか、業者に依頼してもよいのか、その場合の業者が決まっているのか。新しく設置したものは誰の物になるのか。DIY費用は誰が負担するのか。基本的な修繕が必要となった場合は誰が行うか（住宅所有者か借主か）等を含め、退去時の原状回復の状態などのルールを確認し、住み手が住まいを借りる場合でも自分らしい住まいをつくることが可能である。

5. まとめ

住まいを借りて安心してかつ快適に居住するには、住み手が自分の生活にあった住宅を選択し、かつ契約内容を理解し、責任をもって、賃貸借契約を行うことである。また、賃貸住宅は都市において重要な居住形態であり、住み手にとって生命や生活に大きくかかわり、かつ管理が適正に実施できない場合の外部不経済もかんがみ、今後はより居住政策としての取り組みが必要である。

具体的には、1) 住宅の性能の開示、また、その性能と対価の関係が市場で判断できる仕組み、2) 敷金返却トラブル予防スキームなどである。より豊かな暮らしの実現のためにDIY 型賃貸借やシェア居住などの多様な暮らしを応援する体制も必要である。

学習課題

1. 住宅を借りる場合の情報をみてみよう。家賃以外にどんな費用を支払うことになっているのか。どんな情報が開示されているのか。
2. 賃貸借契約書の内容を確認してみよう。原状回復についてどんな規定があるだろうか。

参考文献

1. 齊藤広子『はじめて学ぶ不動産学』市ヶ谷出版社　2018 年
2. 国土交通省住宅局『家主向け DIY 型賃貸借　実務の手引き』
3. 個人住宅の賃貸流通の促進に関する検討会『個人住宅の賃貸流通の促進に関する検討会報告書』2014 年

コラム

定期借家制度によって家賃は下がるのか　藤原　徹

この章で学んだように、普通借家契約では、家主側に正当な事由がない限り、賃借人は契約を更新できる。また、賃料増減請求権があることから、継続家賃の値上げも容易ではない。このことが、契約期間が相対的に長くなると予想されるファミリー向け借家の供給を抑制すること、継続家賃の値上げが容易である場合に比べて割高な新規家賃となることの要因として指摘されている（詳細は、金本・藤原（2016）などを参照されたい）。

では、定期借家制度によって本当に家賃は下がったのだろうか。これを検証するためには、制度の導入前後の比較をしてもほとんど意味がない。なぜなら、景気の変動など家賃に影響を与える要素は他にもあり、定期借家制度の有無による家賃の差を把握できないからである。定期借家か否か以外の要素をそろえたうえでの比較が必要となるが、性質がまったく同じ住宅は存在しないので、多くの住宅に関するデータを用いて、統計的に処理する必要がある（第5章で扱うヘドニック・アプローチを用いる）。

大竹・山鹿（2001）は、東京都の賃貸住宅のデータを用いて、定期借家と普通借家とで家賃がどの程度異なるのかを推定している。分析結果から、定期借家は床面積50m^{2}以上のものが多いこと、定期借家の家賃は普通借家の家賃に比べて、床面積70m^{2}の場合は約12％（約2.3万円）、床面積100m^{2}の場合は約25％（約7.6万円）低くなっていることなどを見出している。さらに、定期借家の契約期間が長くなればなるほど家賃が高くなると推定されている。

大竹・山鹿（2001）は、2000年時点のデータを用いている。山鹿（2012）は、2005年及び2009年時点における同様のデータを用いて分析している。大竹・山鹿（2001）より簡素な推定ではあるものの、2005年については定期借家の家賃は平均で約7.6％低いという結果を得ている。しかし、2009年については統計的に有意な差がなかったことが報告されている。

敷金や礼金についてはどうだろうか。大竹・山鹿（2002）によれば、大竹・山鹿（2001）で用いたデータでみると、敷金なしの借家の割合は、普通借家で約23％、定期借家で約6％となっている。また、普通借家では敷金が1ヵ月の場合よりも2ヶ月の方が圧倒的に多いのに対して、定期借家では、2ヶ月の割合が1ヵ月の割合よりも10ポイントほど多いだけである。したがって、定期借家では敷金を取らないことは稀だが、1ヵ月のケースも少なくない。

礼金については、普通借家、定期借家とも2ヶ月か3ヵ月の場合が多い。平均金額でみると、普通借家が約61.3万円、定期借家が約47.2万円であり、定期借家の方が低いことが報告されている。

推定結果は地域や時点によって大きく変わりうると考えられるので、今後の研究の蓄積が待たれる。

参考文献

大竹文雄・山鹿久木「定期借家権制度と家賃」、『季刊・住宅土地経済』No.41、2001 Summer、pp.10-19、公益財団法人日本住宅総合センター　2001年

大竹文雄・山鹿久木（2002）、「定期借家の実証分析」、『日本不動産学会誌』第16巻第1号、pp.54-64

金本良嗣・藤原徹『都市経済学　第2版』、東洋経済新報社　2016年

山鹿久木（2012）、「データでみる定期借家の現状」、『都市住宅学』第77号、pp.22-25

コラム

民法と借地借家法　周藤利一

(1) 不動産に関する法の仕組み

個人・企業などの私人の間の法律関係を規律するルールには、国・地方公共団体が定める法と私人が結ぶ契約がある。前者は民法、借地借家法など私法と総称されるものである。

そして、国・地方公共団体と個人・企業との間の法律関係を規律するのが、建築基準法や都市計画法などであり、公法と総称される[i)]。

(2) 条文の効力

法律に規定されているからといって、必ずその内容通り契約したり、行動しなければならないわけではない。

特に、民法などの私法においては、条文に規定された内容に対し、当事者が特段の合意（特約）をして、法のルールとは異なるルールを適用することを認めている。そのような条項は「任意規定」と呼ばれる。例えば、既存住宅の個人間の売買で、その住宅に不具合があっても売主は責任を負わないという特約を結ぶことは可能である。

これに対し、条文に規定された内容に抵触する特約をしても、抵触する部分の効力が無効とされる条項は「強行規定」と呼ばれる。例えば、更新のある住宅の賃貸借契約において借主は家賃の減額を請求することができないという特約を結んだ場合、たとえ借主が納得していたとしても、その特約は無効である。

(3) 法と法の関係

同じ事柄について２つの法が規定している場合、どちらが優先するかという点について、「特別法は一般法に優先する」という基本原理がある。

ここで、民法は個人・企業間の法律関係を広く包括的に規律するとともに、契約自由の原則に従い、当事者の意思（合意）を尊重することを基本としている一般法なので、条文の多くは「任意規定」である。

これに対し、借地借家法は民法の規定のうち借地借家関係について、法律上の弱者であると想定される借主の立場を保護するという目的で制定された特別法なので、条文の多くは「強行規定」であり、かつ、民法の定めと重なる部分については民法に優先して適用される。

① 借地期間

例えば、他人の土地を借りる場合、民法は第604条で「賃貸借の存続期間は、

50年を超えることができない」とし、上限について規定する一方で下限については何も規定していない。したがって、駐車場ビジネスのために土地を借りる場合、1か月の契約でも可能である。

これに対し、建物を建てるために土地を借りる場合には、借地借家法が適用される。同法第3条は「借地権の存続期間は、30年とする。ただし、契約でこれより長い期間を定めたときは、その期間とする」と規定しているので、下限は30年、上限は契約によることとなる[ii]。

②　家賃

民法第614条は家賃の支払い時期を毎月末と規定している。しかし、実際には前月末までとする契約が通例である。これは、この規定が任意規定だからである。

他方、借地借家法は家賃を一定期間増額しない旨の特約を許容する一方で（第32条第1項）、減額しない特約は借主に不利であるとして無効とされる。

i）国・地方公共団体が企業と契約を締結する場合の規律は、私法関係として民法などが個人・企業間の契約と同様に適用される。

ii）住宅以外の建物を目的とする借地権の特例として、借地借家法第23条は期間10年以上の事業用定期借地権を認めている。

参考文献

我妻榮著、遠藤浩・川井健補訂『民法案内1　私法の道しるべ　第二版』、勁草書房　2013年

山野目章夫『民法概論Ⅰ　民法総則』、有斐閣　2017年

内田勝一『借地借家法案内』、勁草書房　2017年

稲本洋之助・澤野順彦『コンメンタール借地借家法［第4版］』、日本評論社　2019年

3 住まいの立地を選ぶ

中西正彦

《目標＆ポイント》 太郎さんと花子さんは、どこに住みたいか話し合っています。住まう地域を選ぶには、どんなことを考慮するべきでしょう。また、将来にわたって状況が変わるかもしれないことも気になります。地域の立地や地区の質を読み解く方法を学びましょう。
《キーワード》 居住地選択、都市構造、基盤整備、ハザードマップ、行政のプラン

1．はじめに

今日多くの人々が住まう場所である都市は、様々な特徴や性質をもった地域や地区で成り立っている。住まいを選ぶにあたっては、住まいが立地する地域や地区の特徴や性質を考えなくてはならないが、それには様々な要素が影響する。

例えば、都市の構造と地域の関係、その地域の都市基盤の状況、周辺地域の土地利用などが、住環境や住まいの価値に影響する。災害が多い我が国では、災害発生時の被害予測も考慮しておくべきである。また、生活者自身の状況やその地域の環境が、将来にわたって変化していくことも考慮しなくてはならない。

このうち、都市基盤及び土地利用など地区レベルの観点については第4章にゆずり、本章では主に広域的かつ長期的な観点から住まいの立地判断に影響する要素について学ぶ。

2. 交通の便利さで選んでいいの？

都市内でどの地域に居住すべきか。最終的には個人や個別世帯の判断によるが、一般的には利便性と住環境のバランスを勘案すべきものであり、交通の便利さなどひとつの要素では決められない。しかし、両方とも良い地域が望ましいには違いないが、そのような地域は不動産価格が高いため、通常は自己が負担できる価格を勘案しつつ、どちらをより重視するかを考えていかなくてはならない。

利便性はまず交通条件によるところが大きい。特に、勤務地への交通条件、つまり通勤時間の長短は、日々の生活に大きく影響する。誰しも、あえて長い通勤時間をかけて勤務地に通いたいわけではない。通常は、価格と住まいの質や住環境などとの兼ね合いから遠隔地に住み、結果として長時間の通勤となっている。では、交通利便性が高いのはどのような地域だろうか。例えば、都市の核となる拠点的地域は、複数の交通路線が交わる結節点であることが多い。拠点であることから交通がより整備されやすくなる面もある。鉄道網が発達した大都市圏では、最寄りの鉄道駅とそこへの距離が不動産の価格に大きく影響するが、これも交通利便性の表れである。一方、自動車交通に依存する地方都市圏では、幹線道路との関係などが交通利便性に影響するが、自動車が個別性と融通性が高いことにより、影響の程度は大都市圏の鉄道ほど強いものではない。

都市における交通利便性を判断するには、まずは、鉄道・バスなどの公共交通網や幹線道路網などをよく参照することが大切なのはいうまでもない。ただし、道路は将来整備がなされる計画も多く、一方、バスなどは再編により便数や路線が変更・縮小されることもよくみられる。近年は、地方都市において鉄道が廃線になることもある。すなわち、交通が将来的に大きく変わりやすい要素であることは注意が必要である。

このような予測の助けとして、自治体の都市計画マスタープラン、交通計画、地域公共交通計画などが参考になる。図 3-1 は花巻市の都市計

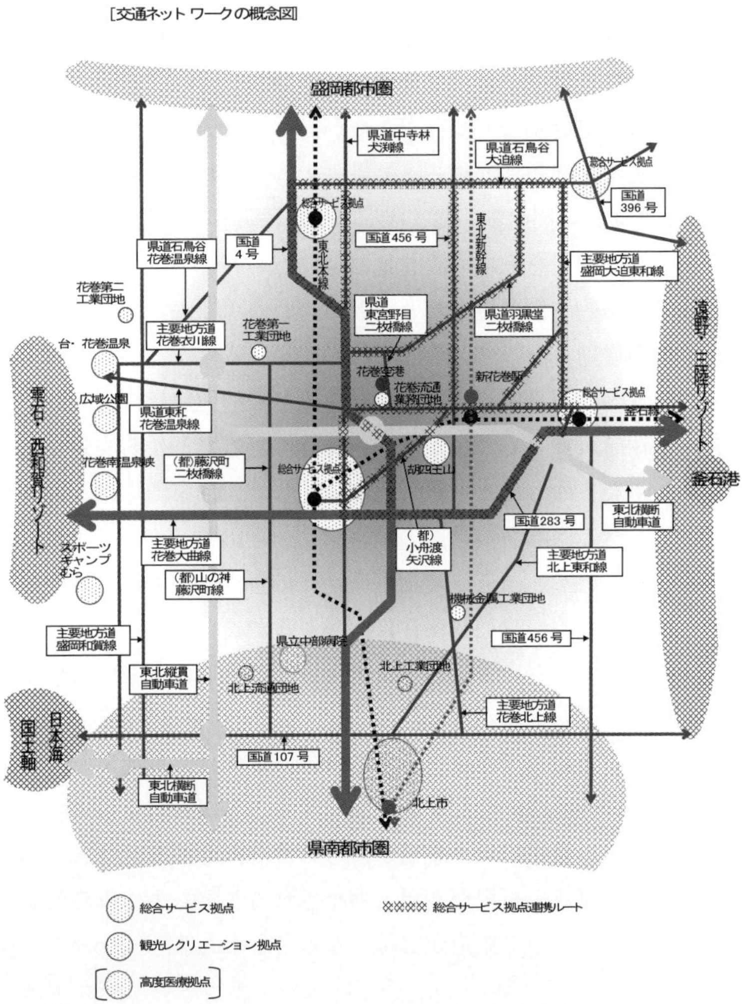

(注) 原図はカラー

図 3-1　都市交通ネットワークの概念図（花巻市都市計画マスタープラン）

https://www.city.hanamaki.iwate.jp/shimin/168/173/p003327.html

画マスタープランに記載されている都市交通ネットワークの概念図だが、どこが利便性の高い場所であるか、将来的にどうなるかがこれによって判断できる。

3.　災害の危険性って何？ 備えておかなくてはいけない？

災害の危険性が高い地域は、不動産価格が低くなる傾向があり、生活者にとっては取得しやすいが、ひとたび災害が発生した場合の損害は甚大なものとなる。住まいの場を選ぶ際には、長期的なリスクも十分踏まえるべきである。自然災害が多い我が国では、住まいの場所を選ぶにも、その地域や場所でどのような災害が起きる可能性があるかよく調べなくてはならない。

(1)　地震及び関連災害

我が国では繰り返し大きな地震が発生してきた。地震はそれ自体によ

（写真提供：ユニフォトプレス）

写真 3-1　地震によって発生した液状化でマンホールが浮き上がった例

る建物の倒壊等だけでなく、火災や津波などの派生的な災害も引き起こす。例えば、東日本大震災（2011年）では死者の9割以上が津波によるものである。生き延びても家屋を津波被害で失った者も多く、これは住まう場所によって災害時の生死や被害が異なることの証左ととらえることができる。

また、同大震災では地盤の液状化による被害を被った地域も多い。埋立地など地下水位が高く砂が主となっている地盤で発生する現象であるが、道路の陥没、建物の傾斜、給排水管の破損など、多大かつ長期にわたる生活への悪影響を被ることとなった。埋立地が多い関東沿岸部だけでなく、内陸部でもかつての沼地を埋め立てた地区などで発生しているが、そのような地区では新住民が多く、大半はその土地の履歴を知らなかったという。

(2) 水害

雨量が多い一方で平地が少なく急傾斜の河川が多い我が国では、豪雨の際に河川が氾濫し、多くの洪水災害を被ってきた。ダムや河川の整備

（写真提供：ユニフォトプレス）

写真 3-2　洪水災害の例

は進められてきたものの、近年は気候変動の影響と思われる想定以上の豪雨などが増加している。対策されてきた地域でも、今後も洪水災害発生は懸念されるところである。

(3) 土砂災害

大雨や地震によって、がけ崩れ・土砂崩れといった斜面崩壊が生じ、生命や財産が脅かされることがある。丘陵地が多い我が国の市街地では、土砂災害の発生可能性も高い。特に、危険性が高い地区については、自治体が土砂災害警戒区域等を指定している。また、宅地造成で切土や盛土を行った場合など、人工的に盛られた地盤は相対的に崩壊や流動化を起こしやすいので注意が必要である。

(4) 火災

木造の建物が多く密集度も高い我が国の市街地では、ひとたび火災が発生すると延焼によって被害が拡大しやすい。また、地震災害によって発生した火災が都市全体に大きな被害をもたらすこともある。例えば、

（写真提供：ユニフォトプレス）

写真 3-3　土砂災害の例

写真 3-4　防災上問題がある木造住宅密集地域

阪神・淡路大震災（1995年）では7,000棟に近い建物が焼失している。

木造住宅密集地域は、コミュニティの存在や空間的な特徴が魅力ととらえられることもあるが、このような災害に対して脆弱（ぜいじゃく）な地域であることは認識しておかなくてはならない。

(5) ハザードマップの確認

災害の発生予測は難しいとはいえ、その頻度や発生した後の被害の広がり方はある程度予想されている。各自治体は、それをハザードマップとして公開しており、居住地を選ぶにあたってはそれを確認することが重要である。また、可能な限りその土地の履歴（かつてどのような地形であったかなど）を確認することが望ましい。

(6) 感染症拡大と住環境

2019年末に発生し、2020年以降世界を災厄下（さいやくか）に置いたCOVID-19

（新型コロナウィルス感染拡大）は、人々の立地選好にも影響を及ぼした。人同士の接触によって感染することから、日常においていわゆる3密（密集、密接、密閉）を避けることが推奨されたが、これは居住する場もより密度が低い地域、一般的には都心部・拠点地域を離れた郊外地域が望ましいという考え方につながる。2020年に行われた各種調査では、実際に首都圏で郊外地域の居住希望が増えたという結果が出ている。COVID-19によって、居住地の環境の良さが求められる一方で、テレワークが推進されるなど働き方も大きく変化した結果、人々の居住地選好にも影響し、郊外が見直される機運が生じたといえる。

4. 立地の良さって変わらないもの？

立地は、ひとたび選べば変わらないように思うかもしれない。しかし、都市や地域は変化するものであり、長期的にはある場所の利便性や住環境も大きく変わる可能性がある。また、そもそも自分自身の生活の状況や考え方が変化することも考慮しておかなくてはならない。

(1) 都市・地域の変化と自治体のプラン

成熟社会となったとはいえ、今日でも都市や住まいにかかわる空間整備はあちこちで行われており、建物の建替えも多く発生している。その結果、当初の生活環境とは異なる状況へと変わっていくこととなる。

ある地域が都市内でどのように位置づけられ、将来的にどのように変わっていくのか、住まうにふさわしい環境が今後も保たれていくのか。自治体のプランがそれらの判断材料のひとつとなる。

今日、都道府県や市町村は様々な分野でプランを作成し、そのプランに基づいて具体的な行政を行っている。都市計画や住宅、みどりなど空間整備にかかわるものはもちろんのこと、商業活性化や医療・福祉などに関するプランは、行政が行う各種事業だけでなく、民間の活動にも影響を与え、不動産を取り巻く地域の状況に大きく作用する。逆に言えば、行政のプランを参照することは地域を考える手がかりとなる。交通条件の変化については前述したが、これにも自治体のプランにおける地域の位置づけ等が影響する。

まず、ある地域の都市内での位置づけや今後の都市基盤整備・土地利用規制の動向を知るには、市町村の都市計画マスタープランを参照するとよい。これは、都市計画法に規定された「市町村の都市計画に関する基本的な方針」（法第18条の2）のことであり、通常、行政区域内の特性や地域的特徴の分析からはじまり、都市づくりの目標、部門（例えば道路、自然、生活環境など）別の計画や、地域別計画、そして実現のための手段を示すといった構成で作られており、まさに立地にかかわる条件や今後の整備の方向性を確認するのにふさわしい。

また、2013年に導入された立地適正化計画も、将来的に居住地の選

図3-2　都市計画マスタープランの例（横浜市の全体構想）

択に影響してくる。我が国では都市の急速な拡大が進んできたが、超高齢化や行財政の悪化、環境への配慮などを踏まえて、効率的な都市構造を形成するべく、国が都市再生特別措置法に導入した計画・実現制度である。これに基づき市町村が計画を定め、都市機能誘導区域及び居住誘導区域を指定し、交通ネットワークとも連動してそれらの区域へ施設立地を誘導することで、将来的に都市や人口分布、すなわち立地の適正化を図ろうとするものである。現在、多くの自治体で立地適正化計画が策定されている。この計画を定めると、公共施設の配置や生活利便施設の立地が影響を受けることとなり、今後の生活にかかわってくることが予想される。これから住まいの立地を考える際には考慮すべきプランのひとつである。

他にも、住宅マスタープラン、みどりの基本計画、都市交通計画といった広く策定されているプランや、自治体独自の課題別・地域別のプランなどもある。庁舎の市民情報コーナーなどのほか、行政のホームページでもプランが公開されており、市民は参照すべきである。

(2) 自分自身のライフスタイルの変化

生活者の立場や価値観も不変ではない。それによってライフスタイルも変化し、その時々で望ましい立地の判断や求める住環境も変わる。

ライフスタイルは、ライフステージの変化とともに変わっていくことが普通である。例えば、新社会人の一人暮らしと、結婚し子育て中の家族の暮らしでは、ライフスタイルとそれに応じて求められる生活環境も大きく異なる。相対的に就労時間が重要な独身社会人は、交通利便性を重んじ、住環境はそれほど重視しない傾向にある。しかし、子育て中の家族には地域の環境は重要な要素である。親が共働きの場合、保育園の存在や地域の子育て支援体制は欠かせない。祖父母の手伝いを得るために実家の近くに住む、いわゆる近居という動きも、地域居住にかかわる現象として近年注目されている。環境的にも、子どもが自然に触れることができるか、交通安全が実現している地域かといった点がより重要視される。また、子どもの就学期には、より良い教育を得るために学校を考慮して居住地を選ぶ行動がみられる。子どもが大きくなればより広い住まいを必要とするようにもなるが、これも立地選好に影響する。ひとことで子育てといっても、それにもステージがあるのである。

また、長寿命化が進んだ我が国では高齢者となった後の人生も長く、そこでの住まい方も社会的課題となっている。子ども世代が独立後、必要以上の広さとなった住宅に夫婦二人あるいは独居という状況は、高齢者福祉の観点からも好ましくない場合がある。かつて、郊外の一戸建て住宅を終の棲家とみなして、その取得がいわゆる住宅すごろくの「あがり」と考えられていた時代があったが、さらにその後に、徒歩で生活でき管理負担も少ない中心市街地の集合住宅への住み替えや、高齢者施設への入居など、長い高齢期を前提とした住まいの選び方が問われるようになっているのである。

また、近年はそもそもの価値観やライフスタイルが多様化している。テレワークによって住環境の良い住まいに生活の重点を置く動きや、勤務中と私的生活とで住まいを分けるようないわゆる2地域居住の動きもみられる。働き方の改革を図る社会的な取り組みやICT技術の発展がそれらを後押ししているが、COVID-19によっていっそう顕在化し、多様な住まい方のニーズが拡大したものと思われる。

住まいを取得するには、自らのライフステージをある程度想定した上で、あるいはライフスタイルの志向が変わることもあり得ることを踏まえ、想定外の状況となってもそれに対応できるよう住み替え等の意識を

（出典）上田篤『流民の都市と住まい』1985　P380

図 3-3　現代住宅双六（構成：上田篤、イラスト久谷政樹）

持ちながら、不動産を選択しなくてはならない。

5. まとめ

住まいの立地を決めることとは、ここまで述べてきた要素を総合的に判断することにほかならない。つまり、都市や地域といった様々な空間スケールで見ることと、時間軸を意識し、将来予測や災害への対応を考えることが必要なのである。

そして、具体的に住まいを決める際には、さらに周辺の住環境も考えなくてはならない（第4章）。また、当然ながら資金・費用の制約との兼ね合いがある。そもそも、立地に影響する要素は住まいの価格・家賃に大きく影響し、それぞれの質の良し悪しは価格の高低に反映される（第5章）。

学習課題

1. 今後自分が住みたいのはどのような地域か、交通条件の面や都市構造の面から考えてみよう。
2. 自分の住んでいる市町村の都市計画マスタープランやその他のプラン、ハザードマップを参照してみよう。そこで自分が住んでいる地区がどのように位置づけられているか確認しよう。
   プランやマップは、市町村のホームページで探す他、検索サイトで「○○市　都市計画マスタープラン」「○○市　ハザードマップ」などと検索すると見つかる。

参考文献

1. 饗庭 伸他「初めて学ぶ　都市計画（第二版）」市谷出版社　2018年
2. 谷口 守「入門　都市計画　都市の機能とまちづくりの考え方」森北出版　2014年
3. 伊藤 雅春他「都市計画とまちづくりがわかる本　第2版」彰国社　2017年

コラム

通勤と家賃、混雑料金　藤原　徹

この章で学んだように、住まいの立地を考える際には、通勤通学の利便性が重要な要素になる。都市部において、都心に向かう路線の沿線では、都心部のターミナル駅から離れるにしたがって、家賃や地価は下落する傾向がある。また、急行停車駅は各駅停車の駅よりも家賃や地価が高い傾向にあるということは、われわれにとって物理的な距離ではなく所要時間が重要であることを示唆している。所要時間が増えれば、通勤ラッシュの電車に乗ることの疲労も蓄積していく。

通勤定期代は会社から支給されることが多いので、通勤にかかる名目的な費用はゼロと考えられる。通勤の実質的な費用は時間費用や疲労コストであり、それらを補うだけの家賃や地価の低下がなければ、多くの人がより都心に住みたがり、郊外を避けるようになるので、都心部の家賃や地価が上昇し、郊外の家賃や地価が下落していく。したがって、都心からの時間距離が大きくなることによる家賃や地価の低下は、通勤の時間費用や疲労コストが反映されているはずである。

山鹿・八田（2000）は、東京のJR中央線沿線の家賃のデータと通勤混雑のデータを利用して、通勤の時間費用や疲労のコストを推定している。その結果によると、例えば、ラッシュ時に吉祥寺駅から東京駅まで乗車すると29分ほど時間がかかり、時間費用が約370円、疲労コストが約25円かかると推定される。ここで用いられているデータでは半日当たりの所得が9,826円なので、朝の通勤による時間費用と疲労コストはその約4％に相当する。より都心に近い高円寺駅からだと、所要時間は約20分なので、時間費用は約247円であるが、より混雑した車両に乗ることから、疲労コストは約37円かかると推定されている。

通勤混雑は、第1章のコラムで紹介した、外部不経済の典型例である。すでに混んでいる電車に新たに乗客が乗ることによって、混雑率がさらに上昇する。このとき、新たな乗客自身だけでなく、他の乗客も混雑による疲労や速度低下による時間費用の増大のコストを被る。

これは、「お互い様」として我慢する以外にないのだろうか。輸送力増強投資には長い時間と莫大な費用がかかる。第1章のコラムの議論を思い出すと、乗客が増えることによる社会的費用と新たな乗客が負担する費用とが乖離（かいり）していることが問題であるので、その差を埋めるように料金を割増すという方法が（社会的受容性は低いかもしれないが）考えられる。これを混雑料金という。混雑料金を導入することによって、時差通勤や在宅勤務等によってラッシュ時に乗車することを避ける動機が強まる。混雑が減少すれば、混雑料金も低下していく。さらに、混雑料金収入を輸送力の維持増強に充てれば、ラッシュ時以外の料金を下げることもできる。

山鹿・八田（2000）では、混雑悪化の外部費用も推計している。その結果、混雑料金は通勤定期運賃の1から3倍（区間ごとに異なる）にも上ることを見いだしている。

新型コロナウイルス感染症対策を契機としてテレワークが普及すれば、通勤のあり方が変わる。都心からの時間距離と家賃や地価との関係もそれにつれて変わっていくと考えられる。

参考文献

山鹿久木・八田達夫（2000）、「通勤の疲労コストと最適混雑料金の測定」、『日本経済研究』No.41、pp.110-131

都心部からの距離と土地利用の規則性については、古典的住宅立地理論によって説明される。この点に関しては

金本良嗣・藤原徹（2016）、『都市経済学　第2版』、東洋経済新報社

等を参考にされたい。同書では、混雑料金の理論についても解説されている。

コラム

都市計画と公衆衛生　中西正彦

古代～中世の権力者による都市計画から、法制度などが形成され社会的なシステムとしての近代都市計画へと移行したのは、18世紀半ばから19世紀にかけて起こった産業革命がきっかけである。

世界に先駆けて産業革命が進んだイギリスでは、工業が大きく発展したことで都市化が進んだ。しかしロンドンなど大都市への著しい人口流入が生じ、特に、労働者階級が高密度居住を強いられた一方、都市内部に多数立地した工場群からの騒音、ばい煙、汚水などにより深刻な公害が発生し、都市中心部の環境は極めて劣悪なものとなった。貴族や富裕層は都市中心部を脱出し、良好な環境を求めて郊外に居を移した。

このような都市環境の悪化に対して、様々な法制度が整備された。そのひと

つ1848年の公衆衛生法は、住居の基準を定める規制を含んでいることなどから、世界で初の都市計画的な法令ともみなされている。この流れが1909年の住宅・都市計画等法やその後の包括的な都市計画法制へとつながった。

（出典）アレックス・ワーナー他「写真で見るヴィクトリア朝ロンドンの都市と生活」原書房

19世紀のロンドン中心部

都市環境の悪化は郊外地域の開発にも影響を及ぼした。理想的な住環境を創出する思想・理論や取り組みは様々なものがあったが、E・ハワードによる有名な田園都市論もそのひとつとして誕生したものである。田園都市論と具体事例のレッチワースやウェリン・ガーデンシティの2都市は、その後イギリスの国策であるニュータウン建設でも参照された他、世界中の郊外都市、郊外住宅地のモデルとなったことで、現代の都市計画に大きな足跡を残している。

我が国の明治後期以降の郊外開発でもその影響はあちこちにみられる。例えば、東急株式会社は、衛生的かつ健康的な住宅地を供給することを目的に1918年に設立された田園都市株式会社を祖（はじめ）のひとつとしている。その流れから今日でも沿線住宅地の運営や活性化に熱心な会社である。

(筆者所蔵資料より)

健康住宅地の販売パンフレット

このように近代以降の都市計画は公衆衛生と同根から発してきたのである。都市計画の目的はその後一層の水準向上と付加価値へと移り変わってきた。しかし、今般のCOVID-19によって、都市環境を改めて公衆衛生の観点からとらえ直し、今後の改善とそのための都市計画の再構築が改めて迫られているといえよう。

4 住まい周辺の住環境を知る

中西正彦

《**目標＆ポイント**》 太郎さんと花子さんは、住まい周辺の住環境を気にしています。住環境を判断するには、どのようなことを知っておくべきでしょうか。また、住環境を守り、改善する手段にはどのようなものがあるでしょうか。住環境の基礎知識と改善手段を学びましょう。
《**キーワード**》 都市基盤、土地利用規制、みどり、まちなみ

1. はじめに

住環境とは広い概念であり、統一された定義があるものではないが、ここでは主に住まいを取り巻く周辺や地域の状況を住環境として、次の3つの視点で学ぶ。

まず、都市基盤（Infrastructure。インフラと略称される）。主に道路、公園、上下水道などに加えて、都市に必要な公共建築物などのことである。次に、土地利用。土地や建物の用途・形態と、それらが集合して形成される市街地の状況のことである。そして、自然環境。公的に整備された公園・緑地のほかに、民地の樹木、農地、里山なども相当する。

2. 道路や公園はなぜ必要なの？

都市基盤とは、都市生活に必要な公共施設を指す。施設といっても建築物等のいわゆるハコモノ・ウワモノだけでなく、道路、公園、上下水道など公的な設備全般をいう。道路や公園など人々が集まって居住する

都市には、生活や良好な住環境を支えるために都市基盤の整備が必要なのである。しかし、我が国では急速な都市化の過程で都市基盤を十分に整備できておらず、今後も整備を進めることが都市計画の重要な目的となっている。

(1) 道路

道路整備によって交通利便性が向上するのはもちろんだが、同時にその地域の性能や機能も向上する。例えば、災害時の避難しやすさや延焼防止など、被害拡大を抑える効果がある。交通条件などが改善すると大きな建物や利便施設が立地するようになり、土地の有効利用が進むことにもなる。

法的には道路法、都市計画法、建築基準法などに道路の種別等の規定がある。その機能に応じて自動車専用道路、幹線街路（主要幹線街路、都市幹線街路、補助幹線街路）、区画街路、特殊街路といった分類がなされている。住まいにとって重要な規定は、建築基準法の接道義務である。ある敷地に建築を行う場合、その敷地は幅員 4m の道路に 2m 以上の幅で接していなくてはならない。道路の定義自体も原則として 4m 以上の幅が前提である。つまり、我が国では市街地部ではすべての道路が幅員 4m 以上でなくてはならないのである。災害時に緊急車両が入れる幅員が必要といった考え方による規定とされている。

しかし、これは 1950 年施行の建築基準法になってから設けられた規定であるため、それ以前からの市街地では幅員 4m 以下の道路も多く見かけられる。このような場合は、とりあえず道路として認めるが（建築基準法第 42 条第 2 項に規定されていることから「2 項道路」と呼ぶ）、それに接している敷地で建築行為を行う際には、道路中心から 2m 後退した位置からしか建築できないこととなっている。これによって、道路に接する敷地で建物の更新が進めば最終的に幅員４m が確保できるはずだが、現実には更新が進んでおらず、改善は途半ばという地域が多い。

(2) 公園

公園がしっかり整備されていれば、自然に触れやすいといったアメニティ効果や、子育てのしやすさ、地域の人々との交流しやすさといったコミュニティ増進効果が期待できる。また、やはり災害時の避難場所などとして被害拡大を抑える機能が見込める。

都市公園は都市公園法及び都市計画法などに規定や基準があり（図4-1)、各自治体はこれらを基にして公園を整備している。

近年では公園管理を民間に委ねて、より魅力的な利用や地域コミュニティ形成に貢献しようとする例も多い。保育園整備など社会的ニーズへの対応に公園を活用できるようにする規制緩和も行われている。

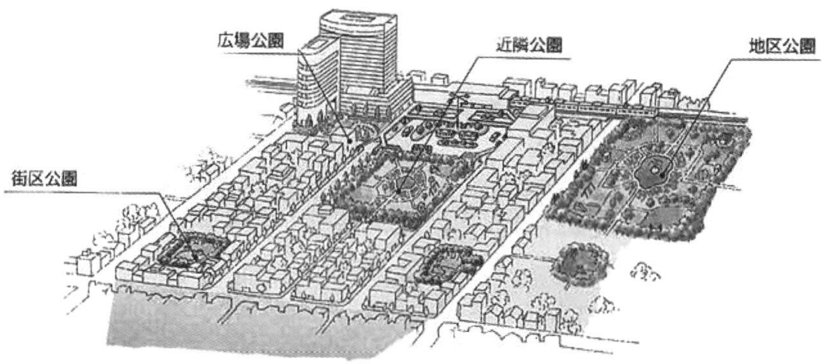

（注）福島県の説明資料より。他にも総合公園・運動公園といった都市基幹公園など多くの種別がある。

図 4-1　公園の種別と整備の基準

3. 環境って悪くならないの？

土地がどのように使われており、そこにどのような用途や密度・形態の施設があるかを「土地利用」と呼ぶが、周辺や近隣地域の土地利用は生活に大きく影響を及ぼす。例えば、商業施設や文化施設、市役所や行政窓口施設などの公共施設が身近にあれば、利便性・快適性に資する。逆に、公害を発生する施設といったいわゆる迷惑施設が近隣にあると、生活環境が脅かされることになる。

土地利用は変化するものであり、環境が悪化することもある。そのため、望ましい土地利用が増進され、迷惑な土地利用が発生しないように、都市計画の一環として土地利用規制が行われている。

(1) ゾーニング

我が国では、土地利用規制の基本として地域地区制を採用している。市街地をある程度の地域や地区に分け、その内部で一括の規制をかける手法の総称で、ゾーニング（Zoning）とも呼ばれる。目的によって様々な地域地区があるが、もっとも一般的なゾーニングとして広くかけられているものが、用途地域制である。大都市の市街地にはおおむね適用されるものであり、他の地域地区も用途地域と連動して決まるものが多く、いわば土地利用規制の土台となっている仕組みである。

市町村が市街地の地域をその性格や現状・今後の市街地整備の方針などによって13種類の用途地域（うち、8種類が住居系、2種類が商業系、3種類が工業系）に定め、それに応じて各地域内の建物の用途や形態が規制されることとなる。この規制によって、例えば、住宅地の近くにパチンコ店や風俗営業店などが立地することが避けられるなど、望ましくない用途混在がある程度抑制されているのである。用途地域などの指定状況は、各市町村が公開している都市計画図を参照するとよい。

表 4-1　用途地域の種別（都市計画法 9 条）

第一種低層住居専用地域	低層住宅に係る良好な住居の環境を保護するため定める地域
第二種低層住居専用地域	主として低層住宅に係る良好な住居の環境を保護するため定める地域
第一種中高層住居専用地域	中高層住宅に係る良好な住居の環境を保護するため定める地域
第二種中高層住居専用地域	主として中高層住宅に係る良好な住居の環境を保護するため定める地域
第一種住居地域	住居の環境を保護するため定める地域
第二種住居地域	主として住居の環境を保護するため定める地域
準住居地域	道路の沿道としての地域の特性にふさわしい業務の利便の増進を図りつつ，これと調和した住居の環境を保護するため定める地域
田園住居地域	農業の利便の増進を図りつつ，これと調和した低層住宅に係る良好な住居の環境を保護するため定める地域
近隣商業地域	近隣の住宅地の住民に対する日用品の供給を行うことを主たる内容とする商業その他の業務の利便を増進するため定める地域
商業地域	主として商業その他の業務の利便を増進するため定める地域
準工業地域	主として環境の悪化をもたらすおそれのない工業の利便を増進するため定める地域
工業地域	主として工業の利便を増進するため定める地域
工業専用地域	工業の利便を増進するため定める地域

表 4-2　用途地域と建築可能な用途の例

凡例 ○：建てられる用途 ×：建てられない用途 △：用途・面積・階数等の制限がある用途		第一種低層住居専用地域	第二種低層住居専用地域	第一種中高層住居専用地域	第二種中高層住居専用地域	第一種住居地域	第二種住居地域	準住居地域	田園住居地域	近隣商業地域	商業地域	準工業地域	工業地域	工業専用地域
住居	住宅、共同住宅、寄宿舎、下宿	○	○	○	○	○	○	○	○	○	○	○	○	×
	兼用住宅で店舗・事務所等が一定規模以下のもの	○	○	○	○	○	○	○	○	○	○	○	○	×
教育施設等	幼稚園・小学校・中学校・高等学校	○	○	○	○	○	○	○	○	○	○	○	×	×
	大学・高等専門学校・専修学校等	×	×	○	○	○	○	○	×	○	○	○	×	×
	図書館等	○	○	○	○	○	○	○	○	○	○	○	○	×
神社・寺院・教会等		○	○	○	○	○	○	○	○	○	○	○	○	○
医療福祉施設等	保育所・公衆浴場・診療所	○	○	○	○	○	○	○	○	○	○	○	○	○
	老人ホーム・身体障害者福祉ホーム等	○	○	○	○	○	○	○	○	○	○	○	○	×
	老人福祉センター・児童厚生施設等	△	△	○	○	○	○	○	△	○	○	○	○	○
	病院	×	×	○	○	○	○	○	×	○	○	○	×	×
店舗・飲食店等	床面積 150m² 以内の店舗・飲食店	×	△	△	△	○	○	○	△	○	○	○	○	△
	床面積 500m² 以内の店舗・飲食店	×	×	△	△	○	○	○	×	○	○	○	○	△
	上記以外の物品販売業を営む店舗、飲食店	×	×	×	△	△	○	○	×	○	○	○	○	×
事務所		×	×	×	△	△	○	○	×	○	○	○	○	○
ボーリング場・スケート場・水泳場・ゴルフ練習場等		×	×	×	×	△	○	○	×	○	○	○	○	×
劇場・映画館・観覧場	客室の床面積 200m² 未満	×	×	×	×	×	×	○	×	○	○	○	×	×
	客室の床面積 200m² 以上	×	×	×	×	×	×	×	×	×	○	○	×	×
劇場・映画館・演芸場・観覧場・店舗・飲食店・展示場・遊技場等の建築物でその用途に供する部分が 10,000m² 以上		×	×	×	×	×	×	×	×	○	○	○	×	×
ホテル・旅館		×	×	×	×	△	○	○	×	○	○	○	×	×
風俗営業	キャバレー・料理店等	×	×	×	×	×	×	×	×	×	○	○	×	×
	マージャン屋・パチンコ屋等	×	×	×	×	×	△	△	×	○	○	○	△	×
	個室付浴場業に係わる公衆浴場等	×	×	×	×	×	×	×	×	×	○	×	×	×
カラオケボックス等		×	×	×	×	×	△	△	×	○	○	○	△	△
工場	作業場の床面積が 50m² 以下で、危険性や環境悪化のおそれのきわめて少ない業種の	×	×	×	×	○	○	○	×	○	○	○	○	○
	作業場の床面積が 150m² 以下で、危険性や環境悪化のおそれの少ない業種のもの	×	×	×	×	×	×	×	×	○	○	○	○	○
	作業場の床面積が 150m² を超えるもの及び危険性や環境悪化のおそれのややある業種	×	×	×	×	×	×	×	×	×	×	○	○	○
	危険性が大きいか又は著しく環境を悪化させるおそれのある業種のもの	×	×	×	×	×	×	×	×	×	×	×	○	○
農業利便施設	農産物の生産、集荷、処理又は貯蔵に供するもの	×	×	×	○	○	○	○	○	○	○	○	○	○
	農業の生産資材の貯蔵に供するもの	×	×	×	○	○	○	○	○	○	○	○	○	○
	地域で生産された農作物の販売を主たる目的とする店舗・飲食店で、その用途の床面積が 500m² 以内のもの	×	×	×	△	○	○	○	△	○	○	○	○	×

(注)・建築基準法別表第二の概要（一部省略）である。
　・他法令や各地方公共団体の定め等によって実際の制限はこれと異なる場合がある。

(2) 建物の形態規制

①建蔽率及び容積率の制限

建蔽率と容積率の制限は正確には密度規制であるが、結果として建物の形態に作用することから、ここでは形態規制の一種として説明する。

建蔽率とは「建築面積の敷地面積に対する割合」であり、その上限を定めることで敷地内に空隙を確保し、過度に建て詰まった地域となることを防ぐものである。用途地域に応じて定められる上限が法令上複数用意されており、市町村が用途地域とともに地域の状況を踏まえてそのなかから選択して上限の値を定める、いわゆるメニュー方式となっている。

容積率とは「建物の床面積の敷地面積に対する割合」である。正確にいえば「容積」ではないため、「延べ床面積率」とでも呼ぶべきであるが、通称として使われていた容積率という呼称が定着し、後に法令に反映されている。床面積の量を制限するのは、床が人間の活動にかかわる空間であるため、その量が都市基盤（特に道路）との関係で過大なものとならないようにする狙いによるものである。一方で、床面積は建物の利用価値や収益性にかかわることから、容積率の制限は結果として土地価格に大きく作用している。

制限の値は、建蔽率と同様に用途地域に応じて複数の上限値が用意されているなかから、市町村が選ぶメニュー方式となっている。ただし、容積率と都市基盤の状況に明確な関係が規定されているわけではなく、地域の実情などを総合的に勘案して定められるのが実態である。一般に我が国の容積率制限は、同様にゾーニングを採用している他の先進国に比べて、緩やかな規制にとどまっているといわれている。

建蔽率＝建築面積(a)／敷地面積(b)×100(%とする場合)

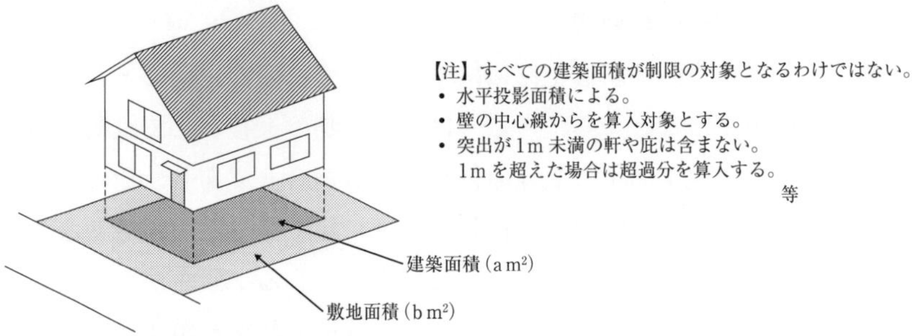

【注】すべての建築面積が制限の対象となるわけではない。
• 水平投影面積による。
• 壁の中心線からを算入対象とする。
• 突出が1m 未満の軒や庇は含まない。
1m を超えた場合は超過分を算入する。
等
建築面積(a m²)
敷地面積(b m²)
•共同住宅の場合、共有部分は含まない。
•屋内車庫は一定割合控除される。
•一定の地階は含まない。

容積率＝延べ床面積(a0)／敷地面積(b)×100(%とする場合)

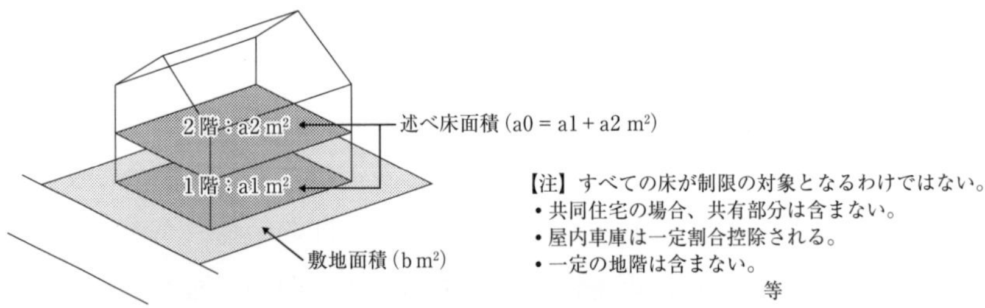

図 4-2　建蔽率及び容積率

②各種高さ制限と日影規制

用途地域が定まると、それに応じて建物の高さが制限されることとなる。周囲への圧迫感などの低減や、日照・通風・採光を妨げないためである。一般的にかけられているものは、一律の高さ制限ではなく、起点からの距離に応じて高さの最大値が決まる斜線制限と呼ばれるものであり、方位や敷地の条件から、道路斜線制限、隣地斜線制限、北側斜線制限がある。また、ある程度以上の規模の建築の際に、周りに一定以上の日影を及ぼさないように定められた日影規制も存在する。規制値は市町村が定められるが、一般に用途地域と連動した値となっている。

(3) まちなみ形成のルール

ここまで述べた一般的な用途や建物形態の制限は、個々の目的のもとにつくられており、市街地形態を総合的によいまちなみとして形成しようとするものではない。また、一般に我が国の市街地は形態規制のベースとなる都市基盤・敷地形状が貧弱で不揃いであり、規制自体も緩いため、これらがかかわっていても必ずしも良好な住環境が形成されないという問題がある。

これに対して、良好な建築・開発を誘導する仕組みも別に多く存在する。ここでは、特にまちなみ形成のルールとして、地区計画と建築協定について説明する。

①地区計画

基礎自治体である市町村が、地権者や地区住民の意向を反映しながら策定する都市計画である。住民参加の方法は、自治体が条例で定める。地区レベルで、道路・公園・広場といった施設（地区施設）の配置及び規模に関する事項や、建築物の形態・用途・敷地等に関する事項を総合

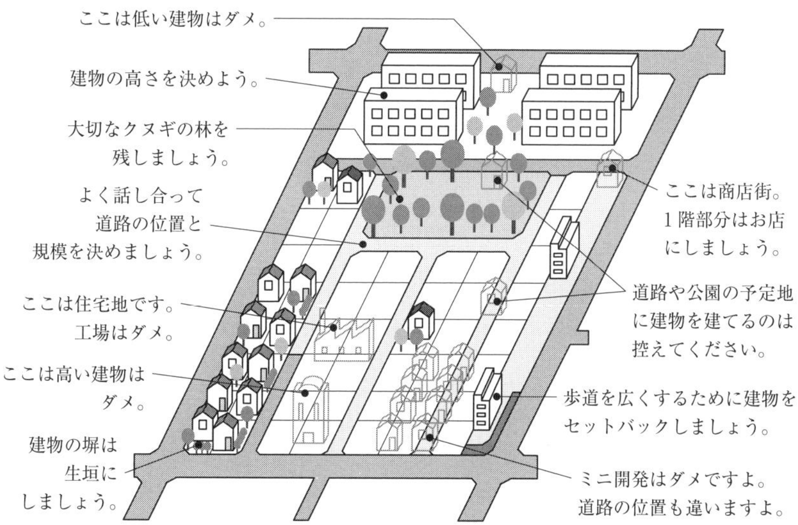

図 4-3　地区計画のイメージ（国土交通省説明資料）

的な計画として定め、規制・誘導することとなるが、定められる項目は多岐にわたり、空間的なルールについては詳細に定めることができる仕組みである。

②建築協定

建築基準法上で用意された仕組みで、一定区域の住民相互の合意による建築に関する制限を協定基準として付加し、自ら遵守していこうとするものである。民法上の任意の協定と異なり、協定締結者だけでなく、その後の土地の権利取得者にも効力が及ぶことに特徴がある。定められる事項は多岐にわたり、合意が形成できれば多くのルールを定めることができる。

まちなみや地区の環境を守り育てるためのルールとしては、ほかに緑地協定や条例に基づくまちづくり協定などがあり、任意の自主協定やガイドライン等が用いられることもある。近年では、景観法に基づく景観計画、景観協定、景観地区などのまちなみ形成に関する手法も拡充されてきている。住まいを選択する際には、その地域でどのようなルールが存在するか確認することが肝要である。

4. みどりがあるほうがいいの？

豊かな生活を得るには、自然環境（みどり）に接することが欠かせない。自然環境には、利用することで、心身の健康の維持増進や子どもの健全な育成、ひいては地域の交流を促進する効果などが認められる。また、防災上の効果や環境衛生的な効果、心理的な安寧（あんねい）を得られる効果など、存在すること自体に有益性が認められる。そのため、都市にはみどりが必要なのである。

前述の都市公園整備の目的のひとつは都市内でのみどりの確保にあるが、実際には公共のみどりばかりでなく民有地のみどり（いわゆる里山や樹林）も、量・質ともに重要である。しかし、民有であるがゆえに宅地開発等によって損なわれることが多い。

社会的に価値が認められるみどりについては、行政が対価を支払って取得し、都市公園として整備し保全や市民の利用に供することが本来は望ましい。しかし、財政などの制約から実際には取得が進まないなかで、民有のままでの保全や公的な活用を図る必要もある。そのような目的の制度として、法律（都市の美観風致（ふうち）を維持するための樹木の保存に関する法律）や、条例に基づいた保存樹や保存樹林等の指定がある。また、自治体によっては所有者への措置として税制や維持管理費用の補助が設けられている場合や、行政が借り上げて市民農園として利用するといった事例もある。

また、近年着目されているのが、都市内の農地である。都市化の時代に市街化区域内の土地は宅地化されることが前提として制度がつくられたが、現実には営農が続けられた農地も多かった。その後、農業事業者への配慮もあり税制措置も盛り込んだ生産緑地制度（地域地区のひとつでもある）が設けられ、それに位置づけられた農地が今日でも多く存在するが、結果として都市内に自然環境を残す役割も果たしている。しかし、農業事業者の廃業や制度上の指定期限の問題などから、生産緑地の継続には課題もある。

5. まとめ

生活者の立場としても、住まいの選択時には都市基盤や土地利用の状況を把握しておくべきである。土地利用規制も確認しておかなくてはならない。そのうえで、自らが周辺環境に配慮することも重要であるが、土地利用規制も十分ではなく、環境が悪化することもある。したがって、まちなみ形成のルールつくりやみどりの確保・維持などに主体的にかかわっていくことが望ましい。

学習課題

1. 自分の住んでいる地区の用途地域種別と建蔽率・容積率の制限を調べてみよう。市町村のホームページか検索サイトから「都市計画図」を探して見てみよう。
2. 自分が住んでいる市町村には地区計画や建築協定が導入されている地区はあるだろうか、調べてみよう。地区計画は都市計画図を参照すれば良い。建築協定は通常ホームページに一覧があるか、自治体の担当部署に問い合わせればよい。

参考文献

1. 饗庭 伸他「初めて学ぶ　都市計画（第二版）」市谷出版社　2018 年
2. 谷口 守「入門　都市計画　都市の機能とまちづくりの考え方」森北出版　2014 年
3. 伊藤 雅春他「都市計画とまちづくりがわかる本　第 2 版」彰国社　2017 年

コラム

みどりの経済的価値　　藤原　徹

よく整備された公園緑地など、美しい眺望や景観を享受できる不動産は価格が高い傾向にある。これは、人々の評価が高い（需要が多い）こと、希少性がある（供給が少ない）ことに起因すると考えられる。

眺望や景観の「美しさ」は主観的な側面が大きいので、その「経済的な価値」を客観的・定量的に測ることは簡単ではない。その一方で、公費を投じて景観を保護したり、眺望を確保したりすることの費用対効果がより強く問われるようになってきていることもあり、眺望や景観の価値を貨幣換算で推計することの必要性は大きい。

眺望や景観そのものは市場で取引されない「非市場財」である。その価値を計測する手法としては、第5章で紹介するヘドニック・アプローチをはじめとして、アンケート調査を基に人々がどの程度の価値を認めているかを推計するCVM（Contingent Valuation Method、仮想評価法）やコンジョイント分析、高い費用をかけて訪ねる場所は訪ねる人がそれだけの価値を認めているはずだ、という考えを原点としたトラベルコスト（旅行費用）法などがある。

肥田野（1997）は、東京都の石神井公園を例に公園整備のもたらす便益を推計している。そこでは、公園整備の有無によって最大10万円/m^2の地価の差が生まれるという結果を得ている。公園の整備効果は景観形成だけにとどまらないが、公園の見える場所の方が地価の差がより大きい傾向にあることから、みどりがあることの効果は大きいことが示唆されている。

住宅地ではなく、商業地における公園緑地の効果を推定した例として小松（2008）が挙げられる。そこでは、都心3区（千代田区、中央区、港区）における商業地の公示地価（第6章参照）のデータを用いて、公園緑地への近接性が地価にどの程度影響をもたらすかを推定している。また、その結果を利用して、日比谷公園の有無によって隣接地の地価がどの程度変化するかを推計している。推計結果によれば、仮に日比谷公園がないとした場合には公園の東側の（公園が西側にある）地点では地価は約14％（約190万円/m^2）下落し、公園の南側の（公園が北側にある）地点では約11％（約96万円/m^2）下落する。したがって、公園緑地への近接性のみならず、公園がどの方角に位置するのかも重要な要因となることが指摘されている。

良好な景観の「形成」という観点から景観の価値を把握する試みが国土交通省（2007）でなされている。景観に関する規制誘導措置によってある市Aの住宅地の生垣・街路樹の割合（視界に占めるみどりの割合）が現状の1.5倍（2倍）になった場合には、規制誘導措置がなく生垣・街路樹の割合が現状の半分の量になった場合に比較して地価が約1千円（約5千円）/m^2程度高くなると推計されている。別の市Bにおいては、規制誘導措置によって生垣・街路樹の割合を現状維持できれば、措置がなく現状の1/3の量になってしまう場合に比べて地価が約1千円/m^2程度高くなると推計されている。

眺望の経済的価値を正確に把握するためには、住宅等からの実際の眺めの良さなどを定量的に把握する必要がある。様々なIT技術の進歩とともにこの分野の研究が発展していくことが期待される。

参考文献

小松広明（2008）、「商業地における公園緑地の地価形成に関する研究」、『日本不動産学会誌』第 21 巻第 4 号、pp.103-114

肥田野登（1997）、『環境と社会資本の経済評価』、勁草書房

国土交通省（2007）、「景観形成の経済的価値分析に関する検討報告書」
https://www.mlit.go.jp/toshi/townscape/crd_townscape_tk_000010.html
（2021 年 9 月 14 日閲覧）

コラム

眺望と景観の法律上の価値　周藤利一

（1）眺望

①眺望と景観の違い

眺望と景観の概念を図示すると下図のようになる。眺望が特定の地点から対象物を見た場合の様相を意味するのに対し、景観は地域のまちなみや自然の風景全体についての概念であり、場所によって美しさの程度が異なることもあるが、どこからでも見ることができる。

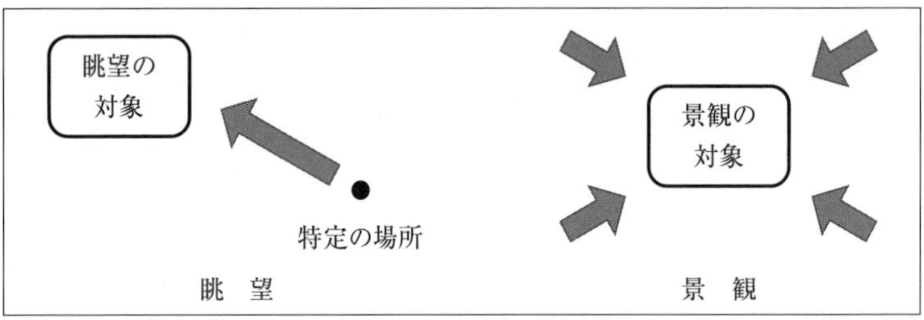

②眺望権

美しい眺望を享受する利益は、法律上確立した独自の権利として認められているわけではない。ただし、民法第 280 条に規定する地役権の一種として眺望地役権（眺望権と通称される）の制度がある。例えば、自宅から見える富士山の眺望を確保するため、隣地の土地所有者と合意して、「その土地上に○m 以上の建築物・工作物を設置しない」という義務を負担させることができる。この眺望地役権を登記しておくことにより、双方の土地所有者が変わっても眺望を保護することができる。

③不動産取引と眺望

また、住宅の売買において眺望利益に対する侵害があった場合、法律上の救

済が認められることがある。

例えば、東京都内で隅田川の花火大会が見える高層マンションの 1 住戸を購入した買主が、売主の不動産業者がすぐ近くに別の高層マンションを建築したために、花火が見えなくなったとして損害賠償が認められた事例がある（東京地裁平成 18 年 12 月 8 日判決、判例時報 1963 号 83 頁)。

また、「全室オーシャンビュー」をセールスポイントにしたマンションを購入した買主が、ベランダの外に電柱や送電線が見えたことから、眺望に関する説明と事実が異なるとして売買契約を解除したことが認められた事例もある（福岡地裁平成 18 年 2 月 2 日判決、判例タイムス 1224 号 255 頁)。

(2) 景観

① 景観利益：2004 年に制定された景観法により、美しい景観を形成・維持・保全するため景観地区などの規制や、景観協定という地権者によるルール形成の仕組みが導入された。

他方、個々人が景観の利益を享受することを法律上保障する仕組みについては、なお議論の途上にある。

平成期以降、景観に関する訴訟が増加しているが、ここでは代表的な 2 つの事例を紹介する。

② 国立マンション訴訟：東京都国立市の一橋大学周辺の戸建て住宅が多い地域に建設された高層マンションをめぐる訴訟で最高裁は、地域住民が景観を享受する利益（景観利益）は法律上保護に値するとしながらも、景観利益を超えて「景観権」という権利性を有するものを認めることはできないと判示した（最高裁平成 18 年 3 月 30 日判決民集 60 巻 3 号 928 頁)。

③ 鞆の浦訴訟：広島県福山市の鞆の浦は、万葉集に詠まれ、江戸時代の朝鮮通信使がその美しさを絶賛した歴史をもつ。県は港を埋め立て、架橋する港湾整備計画を立てたが、景観保全を求める住民らが埋め立て架橋事業停止を求める裁判を提起した。2016 年 2 月 15 日広島高裁で開かれた控訴審口頭弁論で、原告側住民が訴えを取り下げ、広島県は埋め立ての免許交付申請を取り下げる意向を示し、訴訟が終結したことにより、法的判断が示されないまま、鞆の浦の景観は保全された。

参考文献

北村喜宣（2009)、『分権政策法務と環境・景観行政』、日本評論社
富井利安（2014)、『景観利益の保護法理と裁判』、法律文化社
西村幸夫（2018)、『西村幸夫文化・観光論ノート：歴史まちづくり・景観整備』、鹿島出版会
金田章裕（2020)、『景観からよむ日本の歴史』、岩波新書

5　住まいの予算をつくる

藤原　徹

《目標＆ポイント》 太郎さんと花子さんは、いろいろな住まいの広告を見て、マイホームへの夢を膨らませています。でも、不動産それぞれに個性があって、価格もまちまちです。不動産の価格はどのようにして決まるのでしょうか。その理論的な基礎を理解しましょう。予算についても考えてみましょう。
《キーワード》 地代、地価、帰属家賃、ヘドニック・アプローチ、ユーザーコスト、割引現在価値、ファンダメンタルズ、バブル

1. はじめに

住む場所を考える際には、住まいの価格も同時に考慮する必要がある。多くの人にとって住みたいまちの家賃や住宅価格は高い傾向にある。また、高い家賃を支払い続けるのであれば、持ち家を取得したほうがよいと考えることもあろう。この章では、住まいの価格がどのように決まるか、住まいを購入する際の予算はどのように考えればよいのか、主として経済学の観点から基本的な考え方を学習する。

2. 住まいの価格はどう決まっているの？

需要と供給のバランスで価格が決まる。そのメカニズムについて考えてみよう。

(1) 住まいの「価格」とは

はじめに、住まいの「価格」について整理しておこう。住宅を借りる場合の「価格」は「家賃」や「賃料」とよばれる。ここでは「家賃」と表記する。われわれの支払う家賃は、一定期間その住宅を使用できる権利の対価、換言すれば、その住宅が産み出す経済的利益の対価である。これに対して、住宅を購入するときの価格（ここでは「住宅価格」という）は、毎期間発生する経済的利益の対価であると同時に、その住宅の所有権の対価でもある。

土地については、住宅でいう家賃に相当する価格を「地代（ちだい）」とよぶ。一定期間の土地利用の権利の対価、あるいはその土地が一定期間に産み出す経済的利益の対価である。住宅価格に相当する、土地所有権の対価が「地価（ちか）」である。

同じ質の財・サービス（同質財）であれば、安い・高いの判断は容易であるが、住まいは全（まった）く同じものが存在しないので、ある特定の住まいの家賃や住宅価格が妥当なのかどうか、判断が難しい。このように、異質性をもつ財である住宅の価格の決まり方について、2つの代表的な考え方について学習していこう。

(2)「住宅サービス」という架空（かくう）の財から考える

住まいの価格の決まり方に関する1つの考え方は、「住宅サービス」という架空の財を想定して、質が高い住まいは、「住宅サービス」を多く産み出しているという考え方である。すなわち、住宅の質の違いを架空の同質財の量の違いと捉える。住宅サービスという同質財を想定することによって、経済学で通常扱う需要・供給の分析ツールを応用することができる。

はじめに、賃貸住宅市場について考えよう。図5-1は、縦軸が賃料

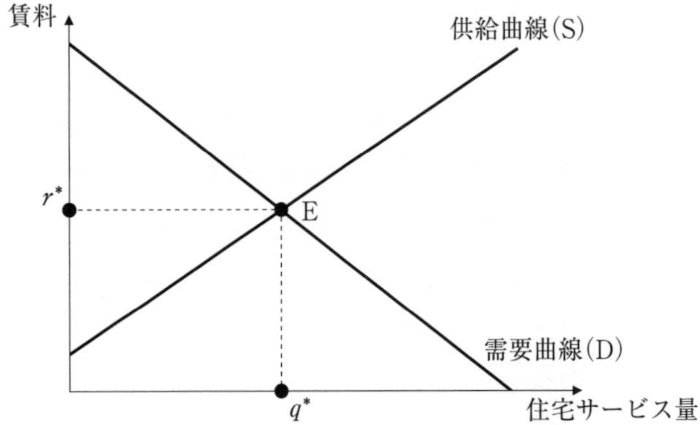

図 5-1　住宅サービス市場の需給均衡

(住宅サービスの量1単位当たりの家賃をここでは賃料とよぶ)、横軸が住宅サービスの量を表す図である。住宅を借りる側は、質の高い住宅が安く手に入るほうが望ましいので、賃料が安ければ安いほど多くの住宅サービスを需要する。したがって、借りる側が望む住宅サービスの量と賃料との関係は、右下がりのグラフで描ける（需要曲線)。

住宅を貸す側については、高い賃料を受け取れるのであれば賃貸してもよいという住宅が増加するので、右上がりのグラフで描ける（供給曲線)。

賃料は、需要と供給とがバランスするように決まるので、図 5-1 の r^* の水準となる。これを均衡賃料（きんこうちんりょう）とよぶ。均衡賃料より高い賃料水準では、供給が需要を上回っているので、賃料が高すぎて借り手がつかない住宅がある。したがって、もっと安い賃料でないと、住宅サービスが余ってしまう。逆に、均衡賃料よりも低い賃料水準では、需要が供給を上回るので、賃料が安すぎる状態にある。したがって、もっと高い賃料でないと住宅サービスが不足してしまう。

賃料が r^* のとき、同じ床面積の住宅であっても、質の高い住宅は住宅サービスを多く産み出すので家賃は高くなるし、質の高くない住宅は住宅サービスをあまり産み出せないので、家賃は安くなる。つまり、坪単価等の単位面積当たりの価格とはまた別の見方をしている点に留意したい。

図5-1は、ある瞬間の状況を描写したものであり、経済社会の変動に応じて、需要曲線や供給曲線は絶えず変動する。例えば、人口が減少していって、人々の住宅サービスに対する需要が減少すれば、需要曲線は左に移動（シフト）し、供給曲線に変化がなければ均衡賃料は下落する（図を描いて確認してみよう）。また、平均的な所得が上昇して、住宅サービスに対する需要が増加すれば、需要曲線は右にシフトし、供給曲線に変化がなければ均衡賃料は上昇する。

ところで、持ち家についてはどのように考えたらよいのであろうか。「持ち家は家賃がかからない」、とよくいわれるが、仮に他に貸せば家賃を受け取れるのであるから、自分で使用するということは、その家賃をあきらめたとも考えられる。持ち家であっても賃貸住宅であっても、住宅は住宅サービスという財を産出している。したがって、持ち家については、自分が自分に貸していて、実際の金銭のやり取りはないものの家賃を自らに支払っていると考えるのが妥当である。この場合の家賃を帰属家賃（きぞくやちん）という。

(3) ヘドニック・アプローチ

われわれが住まいを選ぶ際には、その広さや構造、通勤時間だけでなく、周辺環境（緑の多さなどの自然環境と、周辺にある公共施設などの社会的環境の両者を含む）など、多数の特性を考慮する。ヘドニック・アプローチ（hedonic approach）は、この特性の違いが住まいの価格の違いに反映されていると考える。

住まいを買うあるいは借りる側は、不動産仲介業者やwebサイトなどから、住まいの市場価格と特性の関係についての情報収集を行う。通勤に便利、閑静な住宅街といった特性が異なると住宅価格や家賃がどの程度異なるかを観察できる。それを前提として、予算の範囲内で自分にとって最も満足できる住まいを選ぶことになる。同様に、住まいを供給する側も、特性の束と市場価格との関係を踏まえて、利潤が最大となるような特性の束を決定する。

多数の不動産広告を眺めることで、住まいの価格と特性の関係の見通しがよくなってくることから想像がつくように、住まいの価格と特性に関する統計データを多く集めることで、景観のよさ、騒音のひどさといった環境の質が不動産価格にどの程度影響をもたらすのか、つまり特性の「価格」を統計的に推定することができるようになる。

矢澤・金本（2000）の神奈川県川崎市の地価のデータを用いた推定では、住宅地1平方メートル当たりで平均して、都心までの時間が1分短くなることの便益が6,130円、（交通）騒音が1ホン低くなることの便益が2,760円、緑地施設が1平方メートル広くなることの便益が140円等となっている。

ヘドニック・アプローチを適切に用いると、推定結果から自らの希望する住宅の特性を選択した場合に、家賃や住宅価格がどの程度になるかを（そのような住宅が実際には存在していないとしても）推計することもできる。

山鹿他（2002）は、建物倒壊危険度が家賃にどの程度影響を与えるのか、東京都の町丁目レベルのデータを用いて検証している。同論文では、家賃と住宅の特性との関係（家賃関数）を推定し、その結果を用いて、耐震基準の違いが家賃にどのように影響するのかを推計している。耐震基準が旧基準か新基準か（1981年の建築基準法改正による）以外の特性の値をすべてそろえた上で、木造アパートの家賃が耐震基準によってどの程度異なるかを推計したところ、新耐震基準の木造アパートは旧耐震基準のものよりも築30年時点で約36%家賃が高くなるという結果を得ている。

3.　家賃を払うより買ったほうがよい？

賃貸住宅がよいか持ち家がよいか、家族や仕事の事情などにもよるので一概には言えないが、家賃と住宅価格の関係についてここで学習しておこう。

(1)　ユーザーコスト

家賃と住宅価格との関係について考えてみよう。住宅を所有していると、家賃（自己使用の場合は帰属家賃）を受け取ることができる。また、通常は短期間で売却することはまれではあるが、一定期間所有した後に住宅価格が上昇していれば、売却益を得ることができる。一方、住宅は長期間利用することが可能とはいえ、時間の経過とともに劣化し（資本減耗）、維持管理費用も必要になってくる。まとめると、1年間住宅を所有することから得られる収益は、

（家賃収入）+（住宅の値上がり額）−（資本減耗・維持管理費用）

となる。

持ち家は資産としての側面をもつ。持ち家をもたずに、住宅価格と同額のお金を債権や株式、外貨等で運用すれば1年後には何かしらの収益を得ることができる。その収益率はリスクの大きさによって異なるが（ハイリスク・ハイリターン）、住宅と同程度のリスクの投資先があると

して、住宅を購入するか、購入額と同等の財産を他で運用するか、どちらを選ぶだろうか。

仮に住宅のほうが有利な投資であれば、皆が住宅に投資することになるし、住宅のほうが不利な投資であれば、だれも住宅に投資せずに、他の投資先を選ぶ。したがって、リスクが同等であれば、住宅に投資するのと、他の投資先に投資するのとでは、得られる収益は同じになるはずである。

つまり、

(家賃収入)+(住宅の値上がり額)−(資本減耗・維持管理費用)
=(他の投資先からの収益)

が成り立つ。これを短期均衡の条件といい、ある一定の期間に着目した場合の住宅価格と家賃との関係を表現している。

短期均衡の条件の式を少し整理して、以下のように表記してみよう。

(家賃収入)÷(住宅価格)=(他の投資先からの収益)÷(住宅価格)
+(資本減耗・維持管理費用)÷(住宅価格)
−(住宅の値上がり額)÷(住宅価格)

この式の左辺は、家賃収入を住宅価格で割ったもの、つまり住宅価格1円当たりの家賃収入を表している。

式の右辺は、住宅のユーザーコスト（user cost of capital）とよばれている。

最初の項は、他の投資先からの収益を住宅価格で割っている。したがって、住宅に投資するのと同額を他の投資先に投資したときの収益「率」を表している。これを利子率とよぶ（以下、「i」と表記する）。見方を変えれば、住宅に投資することであきらめた収益とも考えられる。

住宅投資の機会費用といってもよい。

右辺第２項は、住宅価格１円当たりの資本減耗費と維持管理費である。

右辺第３項は、住宅価格の上昇「率」である。住宅価格が上昇すれば利益つまりマイナスの費用と考えられる。したがって、式の右辺は住宅価格１円当たりでどの程度住宅投資に費用がかかっているか、を表しているので、ユーザー「コスト」とよばれる。

短期均衡の条件を別の角度からみると、「住宅価格１円当たりでみて、家賃収入とユーザーコストとは等しい」といえる。

新規の住宅建設は、住宅価格と住宅の供給費用との間の相対的関係によって決まる。つまり、現状の住宅ストックに対応して家賃が決まり、それとユーザーコストから計算される住宅価格が住宅の供給費用を上回ると住宅の新規供給が行われる。

(2) 割引現在価値と長期均衡の条件

短期均衡の条件は、１年間など、ある一定の短期間に着目して住宅への投資と他の投資先への投資との関係を考えている。住宅には耐久性があるので、長期的な観点からの考察も必要である。ここでは、長期均衡の条件について考える。

その準備として、割引現在価値の考え方を学習しておこう。

今年の家賃と来年の家賃が額面上同額だとして、「同じ価値」といえるだろうか。今年の100万円と来年の100万円とは同じ価値だろうか。

答えは否である。100万円を１年間運用すれば、$100 \times i$万円の収益を得られる。したがって、今年の100万円は来年の$100 + 100 \times i = 100(1+i)$万円と同じ価値といえる。ここから逆算すると、来年の100万円は今の$100/(1+i)$万円と同じ価値である。これを来年の100万円の割引現在価値という。

2年後の100万円の割引現在価値は、2年間運用できること、つまり、100万円が1年後に$100(1+i)$万円、もう1年後に$100(1+i)\times(1+i)=100(1+i)^2$万円になることから、$100/(1+i)^2$万円になる。同様に考えて、$X$年後の100万円の割引現在価値は、$100/(1+i)^X$万円になる。

これを踏まえて、長期均衡の条件について考えてみよう。結論を先に述べると、家賃の割引現在価値の合計が住宅価格に等しくなる。

理由を直観的に考えてみよう。家賃の割引現在価値の合計が住宅価格より大きいとすると、住宅を保有すればいずれは必ず元が取れ、必ず利益が得られることになる。この場合は皆が住宅を購入することになる。逆に、家賃の割引現在価値の合計が住宅価格よりも小さいのであれば、住宅を購入しても元が取れない、ということなので、だれも住宅を購入しない。これはいずれもおかしな状況なので、家賃の割引現在価値の合計は住宅価格に等しくなるのが長期的にみた均衡条件となる。

ごく単純な例で計算してみよう。家賃はずっと一定のRとし、建物の寿命は無限であるとする。資本減耗費と維持管理費は捨象（しゃしょう）する。この場合、住宅価格は$\frac{R}{i}$、つまり家賃÷利子率に等しくなる[1)]。例えば、家賃が年間100万円、利子率が5％だとすると、住宅価格は2,000万円となる。

(3) 地代と地価、ファンダメンタルズ

都市部の戸建て住宅を中心に「住まいの価格」のうちの多くを土地の価格すなわち地価が占める。「地代」と「地価」の関係は、「家賃」と「住宅価格」と同様に考えることができる。

注1）家賃の割引現在価値の合計は、

$$\frac{R}{1+i}+\frac{R}{(1+i)^2}+\frac{R}{(1+i)^3}+\cdots$$

と表される。これは初項が$R/(1+i)$公比が$1/(1+i)$の無限等比級数なので、

公式 $\frac{(\text{初項})}{1-(\text{公比})}$ を用いると、

$$\frac{R/(1+i)}{1-1/(1+i)}=\frac{R}{i}$$ となる。

「住宅サービス」を「土地サービス」、「賃料」を「地代」に置き換えれば、土地の賃貸市場における地代の決定メカニズムは住宅のケースと同じように考えることができる。

土地は住宅と異なり資本減耗費はかからない。また、説明を簡潔にするために維持管理費を捨象して考える。地価についての短期均衡の条件は、「地代収入と地価上昇額が（リスクが同等の）他の投資先からの収益と等しくなること」となる。

長期均衡の条件についても同様に考えることができ、地代の割引現在価値の合計が地価に等しくなる場合に、長期均衡の条件が満たされている。長期均衡の条件を満たす地価はファンダメンタルズ（fundamentals）とよばれる。バブル（bubble）は、ファンダメンタルズから乖離（かいり）した地価（等の資産価格）になっている状況をいう。

4. 住まいの予算はどう考える？

住宅ローンでいくら借りられるのか、という点に注意が行きがちだが、ローン返済以外に必要な費用を考える必要がある。また、住まいの資産としての側面にも注目したい。

(1) 住まいの取得や維持管理に必要な費用を考える

第６章でみるように、住まいに関しては様々な税があるので、住宅を購入する際には、住宅本体の価格だけではなく、税金等の諸費用や維持管理費等の支出を考慮に入れておく必要がある。中古住宅の場合は、建物状況調査（インスペクション）やリフォームの費用を考慮する必要がある。マンションの場合には、修繕積立金にも留意したい。

住まいの取得には様々な専門家が関与するので、そのサービスに対する支払いも考慮する必要がある。不動産仲介業者へは仲介手数料（上限は売買価格の３％＋６万円＋消費税)、土地家屋調査士や司法書士には登記の手数料が必要である。住宅ローンを利用するのであれば、ローン保証料、諸手数料、抵当権の登記手数料も必要であるし、火災保険に加入することを求められることが大半である。

(2) 住宅ローン

（最長）35年固定金利住宅ローンの「フラット35」の利用者は、平均して新築住宅の場合で年収の約６〜７倍、中古住宅の場合で年収の約５〜６倍の価格の住宅を購入している。また、総返済負担率（1ヵ月当たり予定返済額を世帯月収で割ったもの）は、平均22％程度となっている（住宅支援機構、2019)。

毎月のローン返済額から逆算した住宅ローンの借入（可能）額と、購入しようとしている住まいの価格との差額は頭金として用意する必要がある。様々な金融機関のwebサイトでは、住宅ローンの返済額や返済方式、借入可能額等について、簡単にシミュレーションができるようになっているので、それを利用するのも１つの手であろう。

(3) 資産としての住まい

第３節で学習したように、住まいを購入するということは、住まいを利用するということにとどまらず、自らの資産の一部を住宅・土地で運用していることになる点に注意したい。住宅ローンの負債の側面に目がいきがちであるが、その見合いとして住まいという資産を取得しているのである。

高齢者などが住まいを担保として生活資金等を借り入れ、死亡時にその住まいを売却して借入金を返済するシステムを、リバース・モーゲージという。当然ながら、リバース・モーゲージを利用する際の借入可能額は、住まいの評価額に依存する。その意味からも、住まいを適切に維持管理していくことが重要である。高齢期の住まいの観点からのリバース・モーゲージについては、第11章を参照されたい。

5. まとめ

この章では、住まいの価格がどのように決まっているのかについて、2つの基本的な考え方を学んだ。1つは、不動産の質の違いを住宅サービスや土地サービスといった架空の同質財の量の違いに還元して、そのサービス量の違いが不動産の価格に反映されている、という考え方である。もう1つは、不動産を特性の束と捉え、その束を構成している特性の量の大小によって価格が決まるという考え方である。

不動産は、こういった異質性に加え耐久性をもつという特徴がある。地代と地価、家賃と住宅価格の間には密接な関係があり、それを理論的に導出する方法についても学んだ。

住まいを買うか、借りるかを考える際には、これらの理論的背景を理解しつつ、予算についても慎重に考えていきたい。住まいを購入することは、資産を運用するという側面ももっている。

学習課題

1. 実際の不動産の広告を見て、価格の違いが何に起因するのか考えてみよう。
2. 金融機関のwebサイト等を活用して、返済方法の違いによる返済額の違い、年収と借入可能額等、住宅ローンのシミュレーションをしてみよう。

参考文献

1. 金本良嗣・藤原徹（2016）、『都市経済学　第2版』、東洋経済新報社
2. 高橋孝明（2012）、『都市経済学』、有斐閣ブックス
3. 独立行政法人 住宅金融支援機構（2019）、「2019年度フラット35利用者調査」、URL: http://www.jhf.go.jp/about/research/loan_flat35.html（2021年9月14日閲覧）
4. 矢澤則彦・金本良嗣（2000）、「ヘドニック・アプローチによる住環境評価」、『季刊　住宅土地経済　2000年春季号』、pp.10-19、日本住宅総合センター
5. 山鹿久木・中川雅之・齋藤誠（2002）、「地震危険度と家賃：耐震対策のための政策インプリケーション」、『日本経済研究』、No.46、1-21

コラム

地価は歴史的にどのように変動してきたのだろうか　藤原　徹

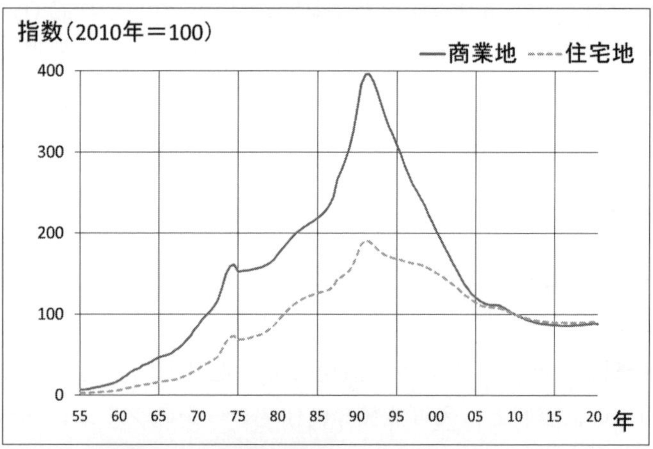

（出典）一般財団法人日本不動産研究所
『市街地価格指数 全国木造建築費指数 2020年9月末現在』

日本の地価上昇率の推移

図は、1955 年から 2020 年の日本の地価（全国市街地価格指数）の推移を表したものである（各年の 3 月末と 9 月末の値）。実線は商業地、破線は住宅地のものであり、2010 年の 3 月末を 100 とする指数で示している。

グラフからわかるように、1955 年から 1991 年までは、1975 年 3 月末が 1974 年 9 月末に比べて下落したことを除いて、地価は上昇し続けた。商業地の地価のピークは 1991 年 9 月の 396.2、住宅地のピークは 1991 年 3 月の 190.1 である。2020 年 9 月現在の指数はそれぞれ 88.4 と 90.6 なので、商業地の地価は現在の約 4.5 倍、住宅地の地価は約 2.1 倍であったことになる。

地価のピークをつけた後は、商業地は 2016 年 9 月まで、住宅地は 2017 年 3 月まで地価が下落し続けた。その後若干の上昇傾向にあったが、新型コロナウイルス感染症に見舞われたことが影響してか、2020 年 9 月には再び前期比マイナスとなった。

地価上昇率が高くなった要因として様々なものが考えられる。例えば、高橋（2012）は、60 年代の高度経済成長、70 年代前半の都市の郊外化、80 年代後半の東京のビジネス用途の土地需要の増大といった、土地需要の増大があったことを指摘している。また、金本・藤原（2016）は、1970 年代までの高い地価上昇率の要因の 1 つとして、住宅ローンが普及していなかったこと、金融自由化が進んでいなかったことなど、資金市場の不完全性を指摘している。つまり、この章で学習した地価の短期均衡の条件からわかるように、地価上昇率は利子率よりも低くなるのが通常である。したがって、地価上昇率が高いときに土地を売った人は、地価上昇率以上の利子率に直面していたと考えられる。必要な資金を柔軟に借りられるのであればそのようなことは起きにくいので、資金市場が不完全であったと考えられる。

地価が下がり続けている状態は何を意味するのであろうか。土地を担保に借り入れを行う場合には、担保の価値が下がっていることになる。また、住まいを買い換える場合には、買い換えの予算が減少してしまう。つまり、地価の下落によって家計の資産が目減りしていくことになる。したがって、住まいを買うことは、利用の側面に加えて資産の一部を不動産で運用するという側面もあることを考慮に入れて行動する必要がある。

参考文献

高橋孝明『都市経済学』、有斐閣　2012 年
金本良嗣・藤原徹『都市経済学　第 2 版』、東洋経済新報社　2016 年

コラム

住宅ローンを返済できなくなったらどうなる？　周藤利一

住宅ローンが返済できなくなった場合の手続きを法律の規定と一般的な実務の取扱いに沿って示すと、次のとおりである。

毎月の返済が滞る

※３か月程度続くと

金融機関が債務者に督促状・催告書を送付

※６か月程度延滞が続くと

金融機関は保証会社に住宅ローンの一括支払いを請求

保証会社が金融機関に住宅ローンの残債務を返済

保証会社が住宅の競売の申立て

競　売　　任意売却

債務者は住宅の所有権を喪失、別の住まいへ

（注）競売は通常の相場価格の50％～70％で売却されるため、住宅ローンを完済しきれない場合もある。

住宅ローンの返済ができなくなっても、住み続ける方法には、次のものがある。

①　リバースモーゲージ（第11章2.(1)参照）

②　リースバック（第11章2.(2)参照）

③　親子間売買・親族間売買：身内の人に買ってもらい、その代金で返済に充てるとともに、引き続き無償で住むという方法である。

④　個人再生：個人再生は、民事再生法に基づき個人債務者の返済負担の圧縮と返済計画の立案とを支援する手続きであり、債務の総額が5,000万円以下の場合に適用できる制度である。

手続きの流れは、債務者が、債権の20%（最低100万円。1,500万円超3,000万円以下の場合は300万円。3,000万円超5,000万円以下の場合は債権の10%）を原則として3年間で分割弁済し、その余の債権については免除を受けることを内容とする再生計画案を作成し、債権者の決定（給与所得者の再生の場合は不要）を経て、裁判所が再生計画を認可する。債務者が再生計画に従って再生債権の弁済をすれば、住宅ローンが残っている自宅を競売にかけられることはない。

住宅ローン延滞の予防策として、以下の手法がある。

① 安全サイドの返済計画：住宅ローンの返済が困難になる理由の第1は、収入に対し多額な借入額に依存して住宅を購入するように、当初から無理な返済計画を組んでいる場合、第2に、返済中に失職、親の介護などの事由で収入が減少し、返済能力が低下する場合が多い。将来の支出増、収入減に備え、十分な余裕をもった返済計画を立てる必要がある。
② 借り換え：金利の低い住宅ローンに借り換えることにより、借り換えにともなう諸費用の負担を考慮しても、全体として返済負担額を減らせる場合に有効な手法である。
③ 支払い計画の変更：金融機関との交渉により毎月の返済負担を軽減してもらうよう、支払い計画を見直すことである。
④ 家計の見直しによる支出の節約
⑤ 共働きなど家計収入の増加
⑥ 省エネリフォームによる光熱費の節減

参考文献

日本弁護士連合会倒産法制等検討委員会編『個人の破産・再生手続—実務の到達点と課題』、金融財政事情研究会　2011年

鹿子木康・島岡大雄・舘内比佐志・堀田次郎編『個人再生の手引　第2版』、判例タイムズ社　2017年

深田晶恵『住宅ローンはこうして借りなさい　改訂7版』、ダイヤモンド社　2017年

6 住まいの税を支払う

藤原　徹

《目標 & ポイント》 太郎さんと花子さんは、住まいを買いたい気持ちが強くなりました。住宅ローンの返済以外にどんな支出を想定すればよいでしょうか。ここでは不動産にまつわる税を中心にみてみましょう。
《キーワード》 固定資産税、不動産鑑定評価、住宅ローン減税

1. はじめに

住まいを購入する際には、購入価格に注目しがちであるが、表 6-1 に示すように、取得、保有、売却等、様々な場面において納税の義務が発生する。これらをおさえておかないと、思わぬところで資金計画が狂ったりするので注意が必要である。

以下の記述は、2020 年 12 月末現在の情報に基づいているので、国税庁の web サイトや都道府県の web サイト等で適宜最新の情報を参照されたい。また、制度の細かい点については省略している点もあるので注意されたい。

2. 住まいを買うとどんな税金がかかるの？

(1) 住まいの取得に関する税

住まいの取得時には、不動産取得税、登録免許税、印紙税、消費税が（場合によっては贈与税も）課される。住まいの取得に際しては、様々な特例措置が設けられているので、国税庁（不動産取得税については都

表6-1　住まいに関する主な税一覧

	名称	課税の対象	課税ベース	課税主体
取得	不動産取得税	土地や家屋の購入、家屋の新築・増築など（相続は除く）、不動産の取得	固定資産税評価額	都道府県
	登録免許税	不動産の登記	固定資産税評価額	国
	印紙税	不動産の売買や住宅ローンの契約書など（課税文書）	記載金額	国
	消費税 地方消費税	建物の売買（個人が売主の場合を除く）、仲介手数料など	課税資産の譲渡等の対価の額	国 都道府県
	贈与税	住まいの購入の際の資金援助など、他の個人からの財産の贈与	贈与を受けた財産の価額（から控除額を差し引いた額）	国
保有	固定資産税	土地・家屋・償却資産	固定資産税評価額	市町村（東京23区は都）
	都市計画税	市街化区域内に所在する土地・家屋	固定資産税評価額	
売却	譲渡所得税	土地や建物の売却	課税譲渡所得金額＝譲渡価額－(取得費＋譲渡費用)－特別控除額	国、都道府県、市区町村
相続	相続税	相続した遺産	相続税路線価（宅地）固定資産税評価額（建物）	国

道府県）のwebサイト等を参照するとよいであろう。

不動産取得税や登録免許税の税額は、不動産を実際に取引した額ではなく、「固定資産税評価額」を不動産の価格とみなし、それに所定の税率をかけて求められる。固定資産税評価額については、次節で説明する。

消費税については、社会政策的な配慮や、（消費に負担を求めるという消費税としての性格から）課税の対象としてなじまないものについて非課税取引の対象が定められており、住まいに関しては、土地の譲渡や貸付け、居住用住宅の貸付けなどがこれに該当する。

(2) 住まいの保有に関する税

住まいを保有していれば、必然的に道路や上下水道などの公共サービスを利用することになり、その受益に応じた負担をするべきだという考えが固定資産税の背景にある。一方、都市計画税は、都市計画事業や土地区画整理事業の費用に充てるための目的税である。

固定資産税も都市計画税も、税額は固定資産税評価額に税率をかけて求まる。固定資産税は標準税率が1.4%、都市計画税が制限税率0.3%となっている。

住宅用地に関しては、固定資産税・都市計画税の課税標準の特例措置があり、小規模住宅用地（200m^2まで）については、固定資産税が1/6、都市計画税が1/3に軽減される。200m^2を超える部分については、固定資産税が1/3、都市計画税が2/3に軽減される。

住宅用地の課税標準の特例が空き家の取り壊しの阻害要因になることを防ぐために、2015年に「空家等対策の推進に関する特別措置法」が施行され、勧告がされた「特定空家等」の敷地については、この特例の対象から除外されることになった。

固定資産税は地方自治体の税収を支える重要な税である。『令和2年版地方財政白書』によると、平成30年度の決算では、市町村税収（約22.4兆円）のうちの約41%（約9.1兆円）を占めている。都市計画税収のシェアは約5.8%（約1.3兆円）である。

ここで、土地部分に対する固定資産税や都市計画税のように、土地を所有しているとその地価に対して課される税（以下、「土地保有税」とよぶ）が、地価に与える影響について考えてみよう。第5章の地価の短期均衡の条件を応用すると、土地を1期間利活用することの収益が土地保有税分だけ下がることになる（他の投資先から得られる利益に対する課税は捨象（しゃしょう）する）。したがって、土地保有税が課されると、代替的な投資先の収益率が土地保有税率分だけ上昇するのと同じ効果、つまり利子率が上昇することと同じ効果をもち、長期均衡の条件からわかるように、地価が下落する。

土地の総量は一定であるので、土地保有税の有無によって供給量は変化しない。したがって、土地保有税は資源配分の効率性[1]を阻害しないことが知られている（土地保有税の中立性）。ただし、土地の用途間で実効税率が異なると、実効税率が低い用途の土地利用が過大になるという歪みが生じる。これに対して、建物部分に関する課税は、取引価格の上昇により取引量が減少することから、課税によって資源配分の効率性が下がる。

(3) 住まいの売却に関する税

住み替え等に際して住まいを売却する場合は、譲渡所得税の対象となる。課税譲渡所得は、給与所得などの所得とは分離して計算される（分離課税）。課税譲渡所得の計算方法は、

（課税譲渡所得）＝（譲渡収入）－（取得費＋譲渡費用）－（特別控除額）

である。マイホームの場合には 3,000 万円が特別控除額になるので、譲渡による純利益が 3,000 万円以上ない限りは、譲渡所得税が課税される心配はない。

土地・建物を売却した場合の譲渡所得税率は、売却した土地・建物を保有していた期間によって異なるという特徴がある。保有期間が５年を超える長期の場合には、譲渡所得税率が 15%（それに加えて５%の住民税がかかる）である[2]が、保有期間が５年以下の短期の場合には、譲渡所得税率が 30%、住民税率が９%と大幅に税率が上がる。

注１）資源配分とは、「誰が何をどれだけどのように生産するのか、誰が何をどれだけ消費するのか」ということである。土地保有税の効果の分析についての詳細は、金本・藤原（2016）や高橋（2012）を参照されたい。

注２）さらに、2013 年から 2037 年までは、復興特別所得税として各年分の基準所得税額の 2.1%がかかる。

売った年の1月1日現在で、保有期間が5年を超えるマイホームの譲渡損失が生じた場合には、一定の要件を満たせば譲渡損失額を他の所得と損益通算することができる。

譲渡所得税には、ロックイン効果（凍結効果）があることが知られている。直観的には、以下のように考えられる。譲渡所得税がなければ、短期均衡の条件から、資産を1期間土地で運用しても、リスクが同程度の他の投資先で運用しても、収益は変わらない。ところが、譲渡所得税が課された場合に、地価上昇率が低かったり、利子率が高かったりすると、土地を今売ってその売却益を1期間運用することよりも、土地の売却（譲渡所得税の支払い）を遅らせることによって、土地を保有し続けて地代収入を得て、1期間後に土地を売却し、譲渡所得税を支払う方が有利になることがある。したがって、譲渡所得税が土地の売却を遅らせる効果をもつことがあり、これをロックイン効果とよんでいる[3)]。

3. 税額はどう決まるの？

前節でもふれたように、不動産の取得や保有に関する税は、不動産の価格に税率をかけて決められるので、価格の高い不動産ほど納税額は大きくなる。このとき、不動産の「価格」はどのように決めればよいのであろうか。特定の不動産が頻繁に取引されることはまれなので、取引時の価格を用いることは必ずしも適切ではない。実際上の地価の算定方法としては、以下の4つがある。同じ土地にもかかわらず、4種類の価格があるので、「一物四価」といわれることもある。

(1) 土地の評価額

①実勢価格

実際に土地が取引されれば、その価格を実勢価格として用いることが

注3）詳細な説明は、高橋（2012）を参照されたい。

できる。2006 年度から、不動産取引当事者へのアンケート調査に基づいて、実際の取引価格に関する情報を国土交通省が公表している。国土交通省の土地総合情報システムの web サイト[4)]では、下記の公示地価、基準地価格も含め、価格の情報を地図上で見ることができる。

②公示地価、基準地価格

地価公示法に基づいて国土交通省が毎年１月１日現在の標準的な土地の「正常な価格」を公表している。これが公示地価である。地価公示の目的は、一般の土地取引の価格の参照基準となったり、公共事業用地の取得価格の算定基準になったりすることで、適正な地価の形成に寄与することである。「正常な価格」は、２人以上の不動産鑑定士による鑑定評価に基づいている。2020 年の調査地点数は、日本全国で 26,000 地点である[5)]。

基準値価格は、国土利用計画法施行令に基づいて、各都道府県が毎年７月１日時点の基準地の標準価格を判定するものである。こちらも適正な地価の形成を図ることを目的とし、不動産鑑定士の鑑定評価に基づいている。2020 年の調査地点数は、日本全国で 21,519 地点である。

③相続税路線価

相続税や贈与税における土地の「時価」の評価を容易にするために、国税庁が相続税路線価を公開している。「路線価」という名称からわかるように、個々の道路に面する土地の（毎年１月１日現在での）評価額である。水準としては公示地価の８割程度といわれている。個別の路線価については、国税庁の web サイト[6)] で見ることができる。

④固定資産税路線価

前節でふれたように、土地・建物を保有していると毎年固定資産税を納税する必要がある。相続税と同様に、固定資産税も評価額を基準に税

注 4）URL: http://www.land.mlit.go.jp/webland/（2021 年 9 月 14 日閲覧）
注 5）詳細については、国土交通省 web サイト
（https://www.mlit.go.jp/totikensangyo/index.html）（2021 年 9 月 14 日閲覧）
を参照されたい。
注 6）URL: http://www.rosenka.nta.go.jp/index.htm（2021 年 9 月 14 日閲覧）

額が定められる。固定資産税評価額は不動産取得税や登録免許税の算定にも用いられる。固定資産税は地方税なので、固定資産税評価は各市町村が管轄している。評価は3年ごとに行われ、相続税路線価と同様に道路ごとに算出された固定資産税路線価を基準に、土地の固定資産税評価額が算出される。水準としては、公示地価の7割程度といわれている[7)]。

(2) 不動産の鑑定評価

不動産の鑑定評価は、「不動産の経済価値を判定し、その結果を価額に表示すること」である（不動産の鑑定評価に関する法律2条1項）。不動産鑑定業者の業務として、不動産の鑑定評価を行うことができるのは、国家資格である不動産鑑定士のみである。鑑定評価は国土交通省による「不動産鑑定評価基準」に基づいて行われる。鑑定評価の方式には、以下の3つがある。

①原価方式

原価方式は、不動産を再調達するのに必要となる原価に着目して不動産の価格や賃料を求める方式である。対象不動産の再調達原価[8)]を求め、減価修正を行って価格（積算価格という）を計算する方法を原価方式という。物理的、機能的、経済的要因による減価額を差し引くのが減価修正である。

②比較方式

他の不動産の売買取引や賃貸借契約の事例に着目して不動産の価格や賃料を求める方式を比較方式という。取引事例比較法では、多数の取引事例を収集し、適切な事例を選択してそれらの取引価格について必要に応じて修正を行う。比較事例の取引の時点、個別の事情、地域要因など

注7）一般財団法人 資産評価システム研究センターは、全国の相続税、固定資産税路線価を地図上で閲覧できるようにwebサイトを公開している（URL: http://www.chikamap.jp/）（2021年9月14日閲覧）。

注8）「不動産鑑定評価基準」では、「対象不動産を価格時点において再調達することを想定した場合において必要とされる適正な原価の総額」を「再調達原価」という。

について修正した価格を比較考量して評価対象不動産の価格（比準価格という）を計算する。

③収益方式

不動産の生み出す収益に着目して不動産の価格や賃料を求める方式は、収益方式とよばれる。対象となる不動産が将来生み出すであろうと期待される、各時点の純収益（総収益から総費用を差し引いたもの）の割引現在価値の総和によって対象不動産の試算価格を求める方法を収益還元法といい、収益還元法によって求められる価格を収益価格という。

4. 税の軽減はないの？

住宅は必需財ということもあり、税の軽減措置や補助等、様々な公的支援がある。それらの大半は自ら申告、申請等をする必要があるので、制度の概要を知っておきたい。

(1) 住まいに関する税の軽減措置

マイホームの場合の税の軽減措置は、第1節でふれた保有時、売却時の税だけでなく、表6-1で示した住まいに関する税のうちの消費税以外について様々な軽減措置がとられている。

消費税については、その税率が10%に引き上げられるに際して、「すまい給付金」や「次世代住宅ポイント」といった対策がとられた。

「すまい給付金」は、消費税率引き上げによる住宅取得者の負担増を一部緩和する目的で、最大50万円の給付を行うものである[9)]。

「次世代住宅ポイント」は、消費税率の引き上げに備えて、良質な住宅ストックの形成に資する住宅投資の喚起を通じて、税率引き上げ前後の需要変動の平準化を図るために、一定の性能を有する住宅を消費税率10%で取得する者等に対して、様々な商品等と交換できるポイントを発

注9）詳細については、すまい給付金webサイト
（http://www.sumai-kyufu.jp/）（2021年9月14日閲覧）を参照されたい。

行する制度である[10]。

(2) 住宅ローン減税制度

住宅ローンを利用して住まいを新築、取得、増改築等をし、一定の要件を満たすと、住宅ローンの年末残高の合計の一定割合を各年の所得税額から控除できる（住宅借入金等特別控除）。

住宅ローンの年末残高の1％（最大40万円）を10年間にわたって控除できることが基本で、消費税の増税に際して特例で13年間への延長が導入された。また、認定長期優良住宅や認定低炭素住宅に対しては控除限度額の拡大措置がとられている[11]。

(3) 保険

不動産は長期にわたって利用するので、様々なリスクに対する備えも重要になってくる。火災保険は住宅ローンの借り入れに際して求められることが多い。火災保険と併せて地震保険に加入することも少なくない。地震保険に関しては、所得税の算出にあたって一定の額の保険料を課税所得金額から控除できるようになっている。

住宅ローンの返済は長期にわたるので、所得を稼ぐ担い手の病気や死亡のことも考慮に入れておかなければならない。住宅ローンを借り入れる際には、団体信用生命保険に加入することを求められることが多い。団体信用生命保険に加入しておけば、ローン契約者が死亡した場合にローン残額と同額の保険金がローンの貸し手に支払われ、住宅ローンが完済となる。住まいが資産として残るので、それを売却して生活資金等に充てることも可能である。生命保険等に加入する際には、住宅ローン

注10）詳細については、次世代住宅ポイント制度webサイト（https://www.jisedai-points.jp/user/）（2021年9月14日閲覧）を参照されたい。

注11）詳細については、財務省webサイト（https://www.mof.go.jp/tax_policy/summary/income/b05.htm）（2021年9月14日閲覧）を参照されたい。

分については団体信用生命保険でローン契約者の死亡リスクはカバーされていることに留意したい。

5. まとめ

この章では、住まいに関する税の概要について学んだ。また、課税の基礎となる不動産の評価についても簡単に学んだ。

不動産の時価は絶えず変動し、税制度や公的支援策も社会経済情勢によって変わっていく。それらに対応できる思考力を身につけておきたい。

学習課題

1. 様々な地点の地価水準を調べてみよう。価格の違いは何に起因するのかも考えてみよう。
2. 住まいの新築、取得、増改築等に際してどのような減税措置、公的支援策がとられているのか調べてみよう。その目的、効果等についても考えてみよう。

参考文献

1. 金本良嗣・藤原徹（2016）、『都市経済学　第２版』、東洋経済新報社
2. 高橋孝明（2012）、『都市経済学』、有斐閣ブックス

コラム

不動産の税　周藤利一

日本国憲法第30条は、「国民は、法律の定めるところにより、納税の義務を負ふ。」と規定し、国民の納税義務を明らかにするとともに、国民に税を課すためには法律で定めなければならないという租税法律主義を定める。この規定に基づき、所得税法、法人税法、地方税法など個別具体の税制に関する法律が制定されている。

歴史をみると、1873（明治6）年の地租改正条例は、土地私有制度を確立するとともに、最初の国税である地租を創設し、その税収は明治政府の財政を支えた。それ以来、不動産に関する税は、日本の税体系の中で大きな位置を占めている。

なお、憲法が「国民」と規定することから、外国人は納税しなくてもよいのかという疑問が出そうだが、ここでいう国民とは日本法の適用を受けるすべての人（法人を含む）を対象とすると解されている。例えば、日本国内のマンションを国内の外国人や海外に居住する日本人・外国人が購入して売却した場合、譲渡所得税の納税義務がある。

税の理論的説明は以下のとおり、2つの説がある。

1つは、利益説であり、租税は納税者が受ける公共サービスに応じて支払う公共サービスの対価であるとする考え方である。これは、納税額を納税者の受益に比例して決定する「応益税」の理論的根拠となっている。その例が固定資産税、都市計画税である。

他の1つは、能力説（義務説）であり、租税は国家公共の利益を維持するための義務であり、人々は各人の能力に応じて租税を負担し、それによってその義務を果たすとする考え方である。これは、納税額を納税者の負担能力に比例して決定する「応能税」の理論的根拠になっている。その例が所得税である。

担税力（たんぜいりょく）とは、租税を負担する能力である。上記の応能説に関係が深いが、課税は納税者の負担能力に応じてなされるべきであるとする租税公平主義の基本的な要素ともなっている。

納税者の担税力を図る指標として、所得、資産、消費の3つが挙げられる。不動産は代表的な資産であり、しかも、高価であるから、不動産を取得・所有・処分する者に対しては、担税力があるものとされ、各種の税金が課されている。

租税特別措置法は、文字通り各種税制の特別措置を定めているが、その目的は各種の政策目的を実現するために、原則の税負担より重課したり、減免する仕組みを導入することにある。これを政策税制という。

都市政策、住宅政策などはもちろん、企業の設備投資や研究開発、環境、農業といった各般の分野における政策税制として不動産を対象とする税制に対する特別措置が講じられている。しかも、その内容は頻繁に制定・改廃されるので、非常に複雑多岐にわたっている。その例が住宅ローン減税である。

1968（昭和43）年の政府の税制調査会の答申は、税制を土地政策、つまり地価対策に用いることについて極めて慎重な姿勢を示した。

しかし、1980年代後半の地価高騰を受けて土地基本法が制定されたことを踏まえ、政府税調は方針を転換し、1991（平成3）年度税制改正大綱において個人・法人の土地譲渡所得に対する税率の引き上げ、地価税の創設など地価の抑制を目的とする強力な税制が導入された。

当時、問題の１つとされたのが長期保有土地の買換え特例である。これは、土地を譲渡して建物や償却資産を買った場合、土地譲渡利益の課税を猶予し、将来、建物や償却資産を売却した際に課税を繰り延べる仕組みであり、本来は都心部の企業・工場の地方移転促進を目的とした特例であった。ところが、都心部に所有する土地を不動産業者に売って郊外のマンションに買い替える場合にも適用を受けられたことから、等価交換マンションの建設に活用され、地価高騰を都心部から拡大させる原因になったとの指摘を受けたので廃止された。

その後、バブル崩壊による地価下落傾向を受けて、地価税は凍結され、他の税制はほぼ従前の内容に戻され、上記の買換え特例も復活した。

参考文献

金子宏『租税法　第23版』、弘文堂　2019年
鵜野和夫『不動産の評価・権利調整と税務』、清文社　2020年

7　住まいの建物の仕組みを知る

中城康彦

《目標 & ポイント》 子どもが生まれた太郎さんと花子さんは住まいを買おうと考えています。戸建てと分譲形式の共同住宅（以下、「マンション」という。）では建物にどのような違いがあるのでしょうか。戸建て住宅には様々なつくり方があるようです。住まいの選択や豊かな暮らしを実現するための建物の知識を学びましょう。
《キーワード》 在来構法、ツーバイフォー構法、心々寸法、アクセスタイプ

1. はじめに

住まいを買うときには戸建て住宅かマンションかで迷うことも多い。マンションでは専有部分の範囲を知り、共用部分のつくり方と使い方を理解することが適切な判断のポイントとなる。戸建て住宅では構造や材料の組み合わせでたくさんの種類があることに加え、基礎、土台など類似の専門用語も多い。建物の各部分の役割を理解することを通じて適切な住まい選びにつなげる。

正しい建築知識は、専門家に依頼して住宅を探してもらう、提示された候補の適切さを判断する、住んでいる建物をリフォームするなどの局面を通じて、より良い住まい選びや暮らしづくりにつながる。

2. 戸建てとマンションは何が違うの？

戸建て住宅では建物を構成する基礎、柱、壁、床などの躯体、外部、

内部の仕上げや建具、給排水、電気、冷暖房、通信などの設備の全体を所有者が所有し支配する。これに対して、区分所有者が所有する専有部分が水平方向と垂直方向につながるマンションでは専有部分内の内装や設備は区分所有者が所有し支配するが、それ以外は全員で所有（共有）し利用する。住戸をつなぐ壁や床などの躯体部分や設備の配管配線も共用部分である。

(1) 居住者が共同で使う部分の有無（図 7-1）

戸建て住宅は１つの敷地に１つの住宅用建物が存在し[1]、土地と建物を利用する権利[2] をもつ者が排他的[3] に使う。これに対して、共同住宅[4] は１つの敷地に複数の住戸が存在する。共同住宅の住戸を利用する権利[5] を有する者はその住戸を排他的に利用する一方、住戸にいたるためのエントランスホール、階段、エレベーター、廊下などはほかの居住者と共同で利用する。居住者が共同で利用する部分を共用部分という。

図 7-1　居住の形態

注 1)「1 建築物 1 敷地の原則」(建築基準法施行令１条)。一つの土地に親子が２棟の住宅を建てて住んでいるように見える場合でも、新築時は二つの敷地に分割したうえで、それぞれの敷地について建築確認を行う。

注 2) 建物の利用の権利は一般に、建物の所有権か建物の賃借権である。土地の利用の権利は一般に、土地の所有権か借地権である。建物の賃借人も建物を利用する範囲内で土地を利用することができる。

注 3)「排他的」は法律用語で、悪い意味をもつものではない。同じ内容の権利が二つないこと、つまり、その人だけに認められる権利を意味する。

注 4) 本章では分譲住宅と賃貸住宅を含めて説明しているため「共同住宅」と表現している。他の章では分譲形式の共同住宅を「マンション」と表現している。

注 5) 一般に、建物の区分所有権か当該住戸部分の建物の賃借権。

戸建て住宅との比較では、建物内に複数住戸があることと共用部分があることが大きな違いである。

長屋（ながや）は複数住戸が建物内にある一方、共用部分を通過することなく直接住戸に入ることができる。複数住戸がある点で共同住宅と類似点があり、2階建て以上の場合は住戸内に専用階段を設ける、複数住戸が上下に重ならないなどの点で戸建て住宅と類似点がある。

(2) マンションの専有部分の範囲（図7-2・図7-3）

共同住宅のうち賃貸住宅は一般に、1人の所有者が建物全体を所有するため、住戸部分と共用部分の所有が問題となることはない。また、賃

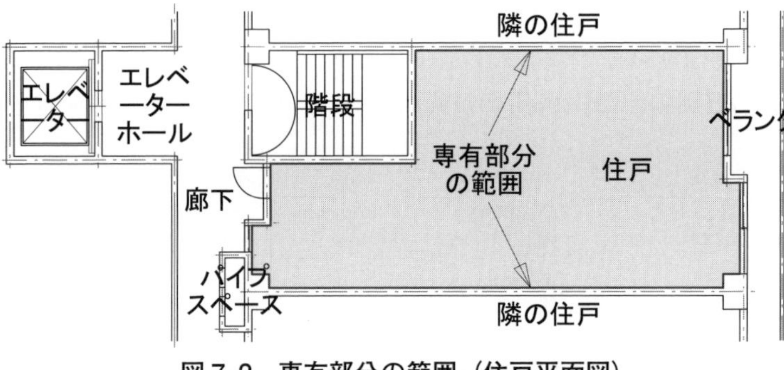

図7-2　専有部分の範囲（住戸平面図）

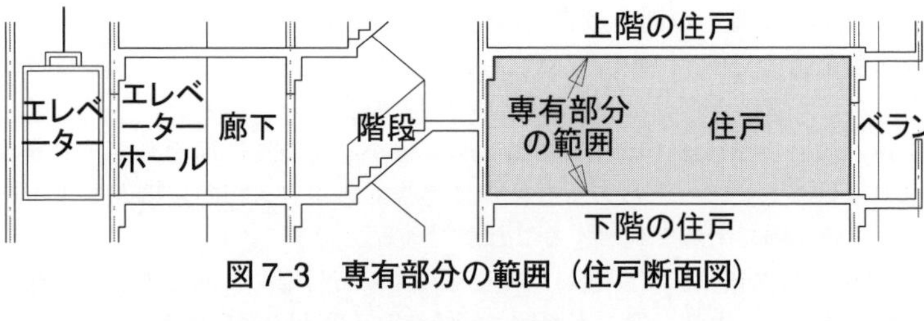

図7-3　専有部分の範囲（住戸断面図）

借人は住戸の賃貸借契約のなかで共用部分の利用を認められるため、利用の権限が問題となることも少ない。

これに対して、マンションは専有部分の区分所有権を所有する複数の所有者が存在し、当該複数人で共用部分を共有して共用する。建物の区分所有等に関する法律は、専有部分以外の部分は共用部分と規定している。

専有部分と共用部分の関係を平面図で示すと、図7-2のとおりである。専有部分は柱や壁で囲われた範囲で、階段、廊下、エレベーター、エレベーターホールやパイプスペースは共用部分となる。ベランダも共用部分である。

建築基準法では床面積を心々寸法[6]で求める。専有部分の面積を心々寸法で計算して表示し、利用することもあるが、柱はもとより、住戸間の戸境壁や外壁等は共用部分である。外壁などの開口部についている建具も共用部分に含まれる。

専有部分と共用部分の関係を断面図で示すと、図7-3のとおりである。梁のほか上下の階を区切る床版（スラブ）は共用部分である。

マンションでは共用部分の利用、維持管理や修繕の方針を決めて実行するなどのために、管理組合を組織する[7]。

3. 戸建て住宅にはどんな種類があるの？

戸建て住宅の支え方には、柱や梁などの細長い材料で骨組みをつくる方法と、先に壁面や床版などをつくって組み立てる方法があり、建物を支える構造材料によって、木造、鉄骨造、鉄筋コンクリート造などがある。建設方法には、現場で順次工事を進める方法と、あらかじめ工場で作成した部材を現場に運び込む方法がある。

注6）壁や柱の中心線を想定し、中心線間の距離（心々寸法）で面積を計算する。これに対して不動産登記法では専有部分の面積を壁や柱の内側間の距離（内法寸法）で面積を計算する。後者は壁や柱の（半）分だけ狭くなる。

注7）第9章参照。

(1) 建物の支え方の違い（構法）（図 7-4）

①骨組みで支える方法（軸組構法）

建物に加わる力を、梁や柱などの線形の材料で支える構法である。開口部が大きく確保できる、間仕切の配置や変更が自由などの特徴がある。木造在来構法は軸組木構造ともいわれ、代表的なものである。

鉄筋コンクリート造も軸組構法のことが多いが、木造在来構法とは柱と梁など、部材と部材の接合部に違いがある。鉄筋コンクリート造は、柱や梁の寸法が大きく、同じ材料で同時につくるため、柱と梁の接合部は一体化して剛性が高い。これを剛接合といい、変形しにくい特徴がある。剛接合の軸組構法をラーメン構造という。これに対して、木造在来構法の接合部はピン接合といわれ変形しやすい。このため、柱と梁でつくる長方形の対角線の位置に筋かいを設け、対角線の長さが変わらないようにする役割をもたせて変形を抑え、倒壊を防ぐ（図 7-5）。

鉄骨造のうち軽量鉄骨造はピン接合の軸組構法、重量鉄骨造は剛接合

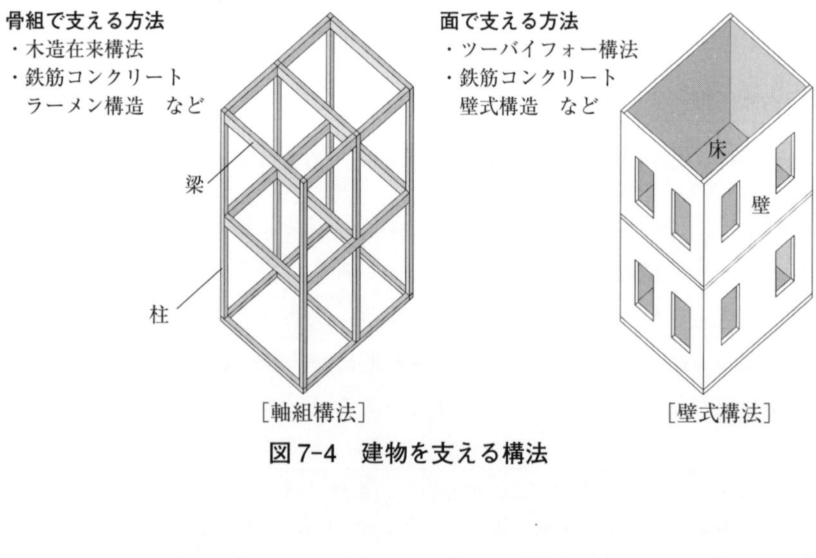

図 7-4　建物を支える構法

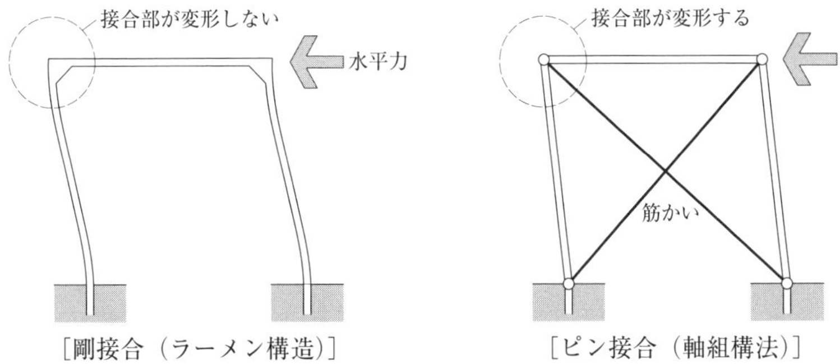

図 7-5　接合の仕方と変形の違い

のラーメン構造でつくることが多い。集成材の技術が進歩して大きな部材が作成しやすくなった近年、木造のラーメン構造が普及し始めている。

②面で支える方法（壁式構法）

建物に加わる力を、壁面や床面全体で支える方法で、耐震性が確保しやすい特徴がある。ツーバイフォー構法は枠組壁構法ともいわれ、代表的なものである。ツーバイフォー構法は、2インチ × 4インチの木材を組み合わせた枠組みに構造用合板を打ちつけて壁などをつくることを基本とする方法で、北米から導入された。鉄筋コンクリート造のうち鉄筋コンクリート壁式構造は面で支える方法である。

(2) 材料の違い（表 7-1）

戸建て住宅は主たる構造に用いる材料により、木造、鉄骨造、鉄筋コンクリート造に区分できる。建築材料としての特徴は、木材は軽量で強く天然材料の温かさがある長所と、品質にばらつきがあり腐りやすい短所がある。鉄骨は粘り強さがあって引張力に強い長所と、腐食しやすく耐火性能が低い短所がある。鉄筋コンクリートは、圧縮力に強いコンクリートと引張力に強い鉄筋の長所を組み合わせたもので耐火性や耐久性に富む長所と、亀裂が生じやすい短所がある。

木造、鉄骨造、鉄筋コンクリート造は、軸組構法と壁式構法と組み合わせることができる。構造材ごとの全般的な特徴と、構法ごとの特徴を表 7-1 に示す。

表 7-1　建築材料と構造の比較

	構造材の全般的な特徴	構法の特徴（住宅の場合）
木造	・設計の自由度が高く施工しやすい ・防火・耐火性に劣る ・用途、規模、階数に制限がある ・集積材が進歩しラーメン構造が可能となった ・構造材の一部交換が可能	・軸組木構造は、広い開口部、間取り（リフォーム）の自由度が高い ・枠組壁構法は、耐震性、気密性を確保しやすい ・ラーメン構造は耐震性、広い開口部、間取り（リフォーム）の自由度が高い
鉄骨造	・大スパンや高層ビルに適する ・耐震性能が優れるが平時の振動は大きい ・施工性がよく工期が短い ・構造材の一部交換が可能	・軽量鉄骨造は外観、特徴ともに軸組木構造と共通する。耐震性を確保するためブレース（筋かい）が必要 ・重量鉄骨造は、ラーメン構造の大空間を実現できるが柱や梁が部屋に突出する
鉄筋コンクリート造	・耐火・耐久・剛性に富むが工期が長い ・自重が重く地震の影響が大きい ・材料や施工状態で品質がばらつく ・構造材の一部交換不能	・ラーメン構造は高い剛性がある ・自由な間取りが可能だが柱や梁が部屋に突出する ・壁式構造は5階まで、階高3mまでに制限されるが、耐震性に富み、柱や梁が部屋に突出しない

(3) 軸組構法の構造

①建物に加わる力と力の伝え方（図 7-6）

建物には、建物自体の重さ（自重）のほか、建物に載る人間や家具などの重さ（積載荷重）、雪の重さ（積雪荷重）が加わる。さらに、風圧や地震時の振動や衝撃の力も加わる。力は梁や柱を経て最終的に地盤に伝えられる。

②部材の名称と役割（図 7-7）

地面と直接接する部分を基礎といい、鉄筋コンクリートで連続的につくる。基礎の上に土台を乗せ、柱を立てる。1階の柱の上部を梁や胴差（どうさし）でつないで2階の床を支える。さらに、柱を立てて上部を軒桁（のきげた）などの梁でつなぐ。軒桁に勾配のある垂木（たるき）を乗せて屋根をつくる。

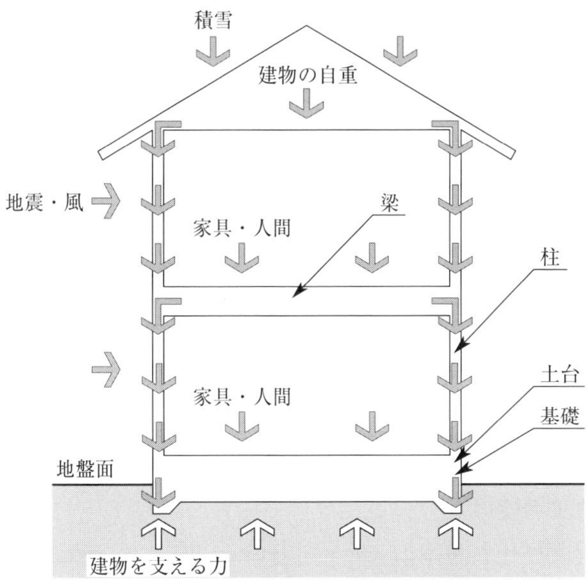

図 7-6　建物に加わる力と力の伝え方

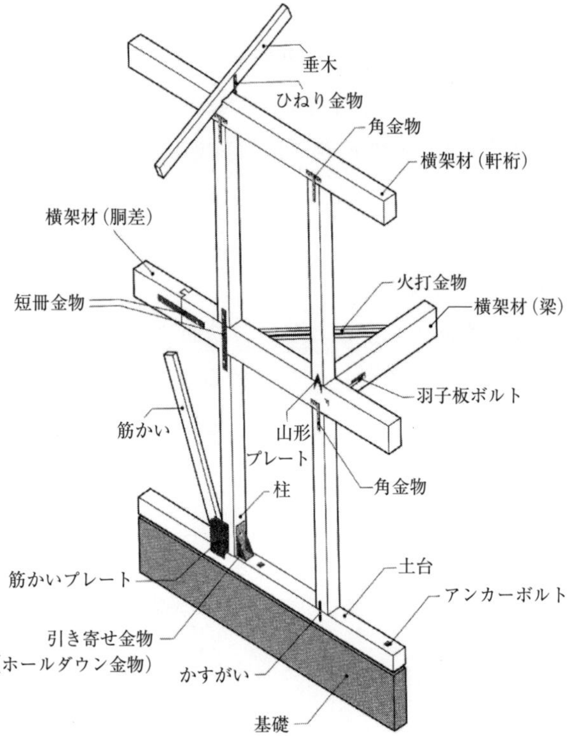

（出典）エクスナレッジ「家づくり至高ガイド 2018」

図 7-7　軸組木構造（木造在来構法）の主な構造材

基礎と土台はアンカーボルトで緊結し、部材と部材の接合部は金物などで補強する。ピン接合の軸組の変形を防ぐため、壁には筋かいを設け、床には火打金物を設ける。

(4) 生産方法の違い

建物を完成させる過程を建築生産という。日本では戸建て住宅のプレファブ工法が進化している。伝統的な生産方法が建設現場に必要な材料を搬入して加工し、多様な職種が協力してつくる「現場生産」であることに対し、建材の合理的な購入と利用、品質の均一化、現場の手間の削減と工期の短縮などのために、プレファブ工法ではあらかじめ部材を工場で生産・加工し、建築現場で組み立て中心の作業を行って完成させる。プレハブ住宅は、大量供給が求められた1960年代から導入され、木造、軽量鉄骨造で多く用いられている。

4. マンションの住みやすさは何で決まるの？

マンションの専有部分は所有者の希望に合わせてリフォーム等が可能な一方、区分所有者全員で共有する共用部分は自由に改変することができない。マンションでは、共用部分が生活者の暮らしに合っていることが住みやすさに影響することから、共用部分のつくり方が生活像に合っているか確認する。集住するメリットを活かし、共用部分に備蓄倉庫や自家発電などで災害に対応する、娯楽施設や来客用施設などで多様な暮らし方に対応する機能があることも住みやすさに影響を与える。

(1) マンションのアクセスタイプ（図7-8）

マンションの住戸に到達するための階段や廊下のつくり方をアクセスタイプという。アクセスタイプの特徴を知って、暮らしへの影響を考えよう。

階段室型は、2住戸で1つの階段を共用する。初期の団地開発で多く用いられた。エレベーターがなく、5階建て程度までのものが多い。共用廊下がなく、住戸のプライバシーが高い、眺望が確保できる利点がある。近時は14階程度でエレベーター付きのものもあるが、エレベーターの維持管理費を少数の住戸で負担することにより管理費が高くなる問題がある。

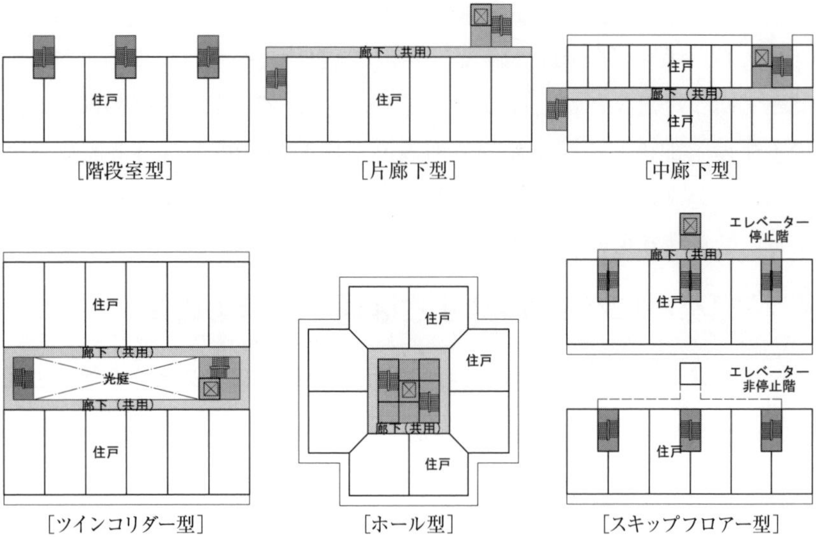

図 7-8　マンションのアクセスタイプ

片廊下型は、1基のエレベーターを多数の住戸で共用する。階段の数が少ないなど、階段やエレベーターを効率的に利用できる。半面、住戸の前に共用廊下があり、プライバシーに課題がある。片廊下型の廊下は、屋外廊下を用いることが多い。非常用エレベーターや特別避難階段を設置しなくてもよい14階程度までのものが多く供給されてきたが、近年はそれ以上の階数のものも供給されるようになっている。

中廊下型は、共用廊下の両側に住戸を配置する。エレベーターや廊下の利用効率は片廊下型よりも高いが、屋内に設ける中廊下は暗く、ベランダ側の採光で足りる小規模住戸の場合に採用可能性が高まる。日照など建物の向きによる住環境の格差を少なくするため、住棟を南北軸に配置する[8)] ことが多い。

ツインコリダー型は、採光を確保するための中庭（光庭）を挟んで片

注 8）住棟は建物が長く延びている方向で、共用廊下の方向と一致する。南北軸に配置すると住戸は東向きと西向きになる。

廊下型の住棟を2つ並べた形式である。住戸密度を高くすることができ、住宅不足が深刻だった高度経済成長期に採用された。エレベーターや階段の利用効率が高い。住棟を南北軸にする点は中廊下型と同様である。超高層住宅が普及した近時では新設されることは少ない。

ホール型は、エレベーター、共用階段や廊下の回りを取り囲むように住戸を配置する。住戸の向きに関係なく需要がある都心部や超高層住宅で採用される。近時の超高層住宅ではホール型とツインコリダー型の折衷型のものも増えている（ボイド型）。超高層住宅が普及した背景には、都心居住など社会経済的な要因のほか、供給の隘路となっていた高さ制限、居室の採光規定、容積率制限などの規制の合理化が進んだ行政的な要因がある。

スキップフロアー型は、エレベーターを3階ごとに停止させる。不停止階の住戸には停止階でエレベーターを降りて共用廊下を歩き、1階分の階段を昇降してアクセスする。片廊下型と階段室型のよさをもつが、バリアフリーでない階での高齢者居住が困難など、近時、新設されることは少ない。

(2) 共用部分、共用施設の充実

マンションの共用部分の役割には、エントランスホールや階段など、専有部分を利用するために不可欠な共用施設の側面のほか、宅配ボックス、ラウンジ、キッズルームなど、住みやすさを高める共用施設の側面がある。後者の共用施設には独立した部屋となっているなど、専有部分の定義に合致するものを管理規約で共用部分と規定（規約共用部分）して利用するものがある。

規約共用部分[9]として読書、映画鑑賞などの余暇のための部屋を整備する、親族等の来客時に利用できる部屋を整備するなどによって、多様

注9）第9章第2節参照。

な暮らしが実現可能となる。

被災時でも継続利用できるマンションづくりを促進するため、2012(平成24)年の建築基準法改正で、防災用備蓄倉庫、蓄電池、自家発電設備、貯水槽の設置部分は一定の範囲で容積率に算入しないことになった。共用部分にこれらを備えることで発災時でも住み続けられる可能性が高まる。

5. まとめ

戸建て住宅には材料により木造、鉄骨造、鉄筋コンクリート造があり、建物の支え方により骨組みで支える方法と面で支える方法がある。両者の組み合わせごとに特徴がある。また、日本ではプレファブ工法が普及している。木造在来構法の接合部はピン接合で変形しやすいため筋かいを設けるが、剛接合のラーメン構造も普及し始めている。

マンションはアクセスタイプごとに特徴があり、共用部分や共用施設を充実することで多様な暮らしや発災時の継続居住を実現できる。

学習課題

1. 木造在来構法とツーバイフォー構法の住宅の特徴を整理しておこう。
2. まちで見かけるマンションをアクセスタイプで区分し、それぞれの特徴を整理しておこう。

参考文献

1. 和田浩一・橋本幸博・藤野栄一『木造住宅設計の教科書〜住宅計画・意匠・構造・設備まで一冊でわかる』技術評論社　2020年
2. 今村仁美・田中美都『図説やさしい建築一般構造』学術出版社　2009年
3. 大塚雅之『建築設備』市ヶ谷出版社　2020年
4. 日本建築学会『マンションの選び方・育て方』彰国社　2008年

コラム

住宅の質と基準　周藤利一

(1) 建築基準法の意義

建築基準法第１条は「この法律は、建築物の敷地、構造、設備及び用途に関する最低の基準を定めて」と規定する。つまり、この法律の定める基準をクリアしただけでは、良い住まいを手に入れることは必ずしもできないのである。そこで、より良い住宅の質を示す指標や基準に関する仕組みが官民で構築されている。以下では、住宅の質に関する公的な基準・制度を紹介する。

(2) 居住水準

国土交通省の「住生活基本計画」では、住宅の居住水準が定められており、面積については、次のようになっている。

・最低居住面積水準：健康で文化的な住生活を営む基礎として必要不可欠な住宅の面積に関する水準（住戸専用面積・壁芯）であり、単身者は $25m^2$、２人以上の世帯は $10m^2$ × 世帯人数 + $10m^2$ である。

・誘導居住面積水準：豊かな住生活の実現の前提として多様なライフスタイルに対応するために、必要と考えられる住宅の面積に関する水準（住戸専用面積・壁芯）であり、戸建住宅は、$25m^2$ × 世帯人数 + $25m^2$、共同住宅の場合、単身者は $40m^2$、２人以上の世帯は $20m^2$ × 世帯人数 + $15m^2$ である。

(3) 住宅性能表示制度

これは、住宅の品質確保の促進等に関する法律（品確法）に基づく制度であり、そのポイントは、次のとおりである。

① 構造耐力、省エネルギー性、遮音性等の住宅の性能に関する表示の適正化を図るための共通ルールとして表示の方法、評価の方法の基準を設け、消費者による住宅の性能の相互比較を可能にする。

② 住宅の性能に関する評価を客観的に行う第三者機関を整備し、評価結果の信頼性を確保する。

③ 住宅性能評価書に表示された住宅の性能は、契約内容とされることを原則とすることにより、表示された性能を実現する。

この制度は新築住宅と既存住宅に分けられるが、新築の場合、次の10項目で性能を評価して表示する。

<u>1）構造の安定：地震などに対する強さ</u>

等級１は建築基準法のレベル、等級２は等級１で耐えられる地震力の1.25倍

の力に対して倒壊や崩壊等しない程度を示しており、等級3では1.5倍の力に耐えることができる。

2）火災時の安全

複数の項目があるが、共同住宅の共用廊下と各住戸を隔てている壁に設置されているドアや窓などの開口部の火炎を遮る時間の長さを等級で示しており、等級1は消防法のレベル、等級3は60分の耐火時間を示す。

3）劣化の軽減：柱や土台などの耐久性

等級1は建築基準法のレベル、等級2は、通常想定される自然条件及び維持管理条件の下で2世代まで伸長するため必要な対策が講じられている場合、等級3は3世代まで伸長できる場合の評価である（1世代とは25年〜30年）。

4）維持管理更新への配慮：配管の清掃や補修のしやすさ、更新対策

共同住宅について、等級1は何もしない場合、等級2はaとbの対策を講じた場合、等級3はa、b、cのすべての対策を講じた場合を示す。

a．共同住宅等で他の住戸に入らずに専用配管の維持管理を行うための対策

b．躯体を傷めないで点検及び補修を行うための対策

c．躯体も仕上げ材も傷めないで点検、清掃を行うための対策

5）温熱環境：省エネ対策

後述する省エネ基準と同じである。

6）空気環境：シックハウス対策

住宅に使用される建材などから室内に放散するホルムアルデヒドなどにより、健康に影響があったとする事例が報告された（シックハウス問題）。建築基準法の改正によりホルムアルデヒドなど有害な化学物質の使用が制限されている。

住宅性能表示では、建材の選定と換気対策がどのように講じられているか、住宅の完成段階で室内の化学物質の濃度の実測結果がどの程度であったかを表示する。

7）光・視環境：窓の面積

開口部の面積と位置についてどの程度の配慮がなされているかを評価する。

8）音環境：遮音対策

足音や物の落下音などの伝わりにくさ、話し声などの伝わりにくさ、騒音の伝わりにくさを高めるための対策が、どの程度講じられているかなどを評価する。

9）高齢者等への配慮

手すり、勾配、段差など高齢者等の移動時の安全性の確保に関する項目、介

助を容易にするための対策に関する項目などがある。

10）防犯

戸、窓などに防犯部品を使用するなど侵入防止性能を評価する。

(4) 省エネ基準

建築物のエネルギー消費性能の向上に関する法律に基づく住宅の省エネ基準（建築物エネルギー消費性能基準）は、外皮（屋根、天井、壁、床、開口部）の熱貫流率に関する基準と設備の一次エネルギー消費量に関する基準により構成され、住宅性能表示との関係で前者は断熱等性能等級、後者は一次エネルギー消費量等級に対応する[1)]。

省エネ基準は徐々に厳しくなっており、最新のものは2016年に定められた。新築マンションは2016年基準への適合審査を受けなければならず、基準に適合しないと、指導を受けることとなっている。

省エネ住宅のメリットは、エネルギーコストの節約にとどまらない。

暑さ寒さの影響を受けにくく、効率の良い設備機器が備わっているので、快適な暮らしをおくることができる。

また、住宅内の急激な温度差により血圧が大きく変動することで失神や心筋梗塞、脳梗塞などを引き起こし、身体へ悪影響を及ぼすことをヒートショックと呼ぶ。入浴中に亡くなる人は全国で年間約1万4千人と推測されるが、日本医師会によれば、原因の多くはヒートショックである可能性があるという。省エネ住宅は住宅内の温度差が小さいので、健康面でも優れている。

さらに、気密性が高いので、遮音性も高くなり、騒音問題が少ない。結露の抑制によりシロアリやカビも防げるので、建物の寿命が延びる。

省エネ基準と住宅性能表示の対応関係

断熱等性能等級	一次エネルギー消費量等級
−	等級5（低炭素基準相当）
等級4（2013年基準相当）	等級4（2013年基準相当）
等級3（1992年基準相当）	等級3（1992年基準相当）
等級2（1980年基準相当）	等級2（1980年基準相当）
その他（等級1）	その他（等級1）

(5) ZEH

環境省HPの地球温暖化対策サイトによれば、ZEH（ネット・ゼロ・エネル

注1）化石燃料、水力、太陽光など自然から得られるエネルギーを一次エネルギー、これらを変換・加工して得られる電気、都市ガス等を二次エネルギーという。建築物では二次エネルギーが多く使用されており、それぞれ異なる計量単位で使用されているが、それを一次エネルギー消費量へ換算することにより、建築物の総エネルギー消費量を同じ単位で求めることができる。

ギー・ハウス。略称「ゼッチ」）とは、外皮の断熱性能等を大幅に向上させるとともに、高効率な設備システムの導入により、室内環境の質を維持しつつ大幅な省エネルギーを実現した上で、再生可能エネルギーを導入することにより、年間の一次エネルギー消費量の収支がゼロとすることを目指した住宅である。政府のエネルギー基本計画（2018 年 7 月閣議決定）では「住宅については、2030 年までに新築住宅の平均で ZEH の実現を目指す」という目標を設定している。

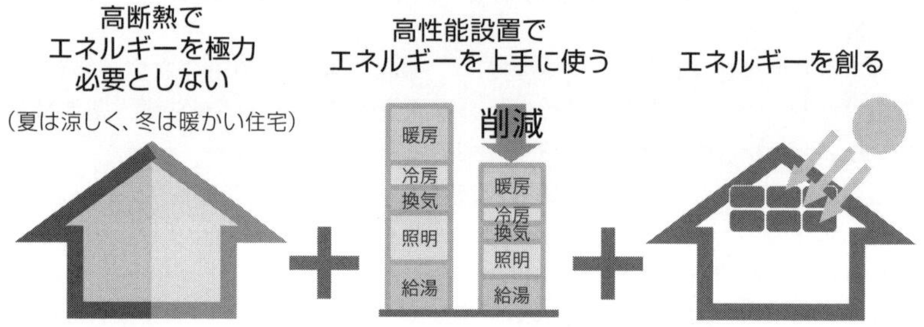

（出典）環境省 HP

参考文献

国土交通省住宅局監修・ベターリビング発行、『長持ち住宅の手引き』、国土交通省 HP、https://www.mlit.go.jp/jutakukentiku/house/tebiki.pdf（2021 年 5 月 30 日閲覧）

8 住まいを購入する

齊藤広子

《**目標＆ポイント**》 太郎さんと花子さんははじめて家を買います。なにからはじめてよいか不安です。わからないことが多過ぎます。土地を買って家を建てようと思います。再建築不可ってどんな意味でしょうか。建物の性能というのはどうすればわかるのですか。契約の前の重要事項説明とは何でしょうか？ 住宅購入の契約に関する基本的なことを理解しましょう。
《**キーワード**》 土地、建物性能、売買契約、重要事項説明

1. はじめに

住まいの購入は、人生の大きなイベントである。しかし、住まいの購入の仕方について中立な立場で教育してもらえる場は少ない。よって、消費者は十分な知識や判断能力をもたずに、偏った情報、あるいは少ない情報のもとで購入の判断をしなければならないことがある。本章では、住まいの購入のプロセス、そのプロセスで注意すべきこと、住まいの購入に関する基本的な仕組みを学び、正しい知識や判断能力のもとで豊かな暮らしにつながる、住まいの購入の仕方を理解しよう。

2. 再建築不可の土地を買って大丈夫？

(1) 再建築不可とは？ 確認すべき土地の特性とは？

中古住宅の購入を検討していると、「再建築不可」と書いている物件がある。再建築不可とは、現在建っている住宅を取り壊してその土地に

新しい住宅を建てることができないことである。例えば、災害で建物が倒壊したら、新たに建物を建てることができないことになる。よって、再建築しようとする場合には、この土地では目的が果たせないことになる。再建築ができない理由の1つに、土地が接道条件を満たしていないことがある。土地に建物を建てるためには、幅4メートル以上の道路に2メートル以上接する必要がある。こうしたルールは火事などが起これば消防車がその土地まで入ってこられないと、その土地の上にある建物を利用する人の安全性、地域の安全性の確保等ができないため、建築基準法でルールが決められている。このように、土地に「再建築不可」と書いてあるわけではないが、この土地に建物を建てることができるのか、さらにはどのような大きさの建物を建てることができるのか、どのような用途のものを建てられるのか等、土地の利用に関するルールは都市計画との関係で決められている（第4章参照）。また、土地の選択にはそのほかにも、災害時の危険性、例えば、津波、液状化、土壌汚染の可能性等の把握とともに、土地の購入の際には、どこまでが自分の敷地なのかの境界の確認も必要となる。

こうした土地の物理的な状態の把握とともに、土地を利用する権利や経済条件の把握、確認も必要である。土地を利用する権利には、大きく分けて所有権と借地権がある。借地権の場合には利用の期間に制限があり、契約を更新できるか否か等による違いがある、普通借地権と定期借地権がある。また、普通借地権と定期借地権のそれぞれの場合に売買時に地主の承諾が必要か、住宅ローンの担保が可能かの違いがある、地上権と賃借権の2種類がある。さらに、経済的な条件とは、売買の価格、管理費や固定資産税の額、土地を借りる場合の地代や賃料、契約時の一時金の金額とその使途、土地返却時の一時金返還の有無などがある。こうして、土地の物理的な特性だけでなく、目には見えないが権利関係や

表 8-1　普通借地権と定期借地権

	普通借地権	定期借地権
契約の更新	原則可能（地主に正当事由がない場合）	不可。借地期間満了時に地主に返却
建物買い取り請求権	特約で排除できない	特約で排除できる
建物滅失後の再築による存続期間の延長	延長可能	延長不可
特徴（借地人からみて）	一度借りると継続利用	期間が来たら更地にして返却

表 8-2　賃借権と地上権

	賃借権	地上権
権利	債権	物権
譲渡	地主の承諾が必要 地主の承諾なく譲渡ができない（民法 612 条）	地主の承諾は必要ない
登記請求権	登記請求権無	登記請求権有
第三者への対抗力	原則としてない。ただし、登記した場合には対抗力有（民法 605 条）、借地で建物登記をした場合（借地借家法 10 条）	有
抵当権	設定できない （原則は土地を担保にしたローンが組めない）	設定できる （土地を担保にしてローンが組める）
設定の可否	否	可

経済条件の把握も必要である。

(2) 住まいを買うと土地がもれなくついてくる？

日本では基本は土地と建物が別々の不動産であるため、住宅を買ったらもれなく土地がついてくるわけではない。よって、住宅と土地はそれぞれ別の購入の契約をすることになる。ただし、マンション（区分所有の共同住宅）でそれを認めると、土地所有者と建物所有者がバラバラになり、権利関係が複雑になるため、一体的に取り扱われる仕組みとなっている（区分所有法、不動産登記法）。

戸建て住宅の購入の場合には、購入の対象となる住宅、土地の確認が必要となる。さらに、戸建て住宅（新築）には、建売住宅、売り建て住宅、注文住宅の場合がある。注文住宅とは、住み手が自由に自分の好きな住宅を注文し、建てる場合である。一方、建売住宅とは、不動産業者が土地を購入し、その上に住宅を建設し、住宅と土地を一体に販売する場合である。この場合は不動産業者にリスクが生じる可能性がある。例えば、なかなか建売住宅が売れない場合は、管理に手間がかかるだけでなく、一定期間売れないと「中古住宅」として取り扱われることになり[1)]、さらに売りにくくなる可能性がある。そこで、こういったリスクを回避し、かつ消費者の意向を踏まえる方法として、「建築条件付き」あるいは「売り建て」と呼ばれる方法がある[2)]。宅地を販売するときに、消費者が好みの間取り等を選択することができる販売方法を採用した住宅においては、土地を不動産業者から購入し、住宅を建設業者と請負契約を結び、購入することになる。なお、新築住宅とは未使用の住宅である。一度誰かが利用したものは中古住宅という。ただし、不動産の表示に関する公正競争規約施行規則では、中古住宅に「未使用でも建築後1年以上経過したもの」も含んでいる。

注1）不動産の表示に関する公正競争規約では、建築後1年以上経過し、又は居住の用に供されたことがある住宅を中古住宅としている。

注2）指定された施工会社（ハウスメーカーなど）によって建物を建てることを条件として売買される土地を、建築条件付き土地といい、こうした方法は、土地を売ってから住宅を建てることから「売り建て」と呼ばれる。通常3か月程度の期間内に建物の建築請負契約を締結することを条件として土地の売買契約が結ばれるため、建築請負契約が何らかの事情で成立しなかった場合は、土地の売買契約も白紙解除され、支払った手付金等はすべて戻ることになる。

3. 騒音に悩まされない住まいの選び方は？

(1) 性能の表示、住宅認定制度[3)]

「在宅勤務をしたら、騒音が気になって…」と、暮らす上で騒音への関心がより高まっているが、騒音に悩まされないためには、遮音性能が高い住宅を選ぶ必要がある。遮音の他にも、住まいには様々な性能がある。自分たちの暮らし方を考慮し、住まいに求める性能を考え、それに適した住まいを購入することが必要である。住まいに求められる基本的な性能として、安全性、保健性、利便性、快適性があり、このような性能を確保するために、建築基準法等で建物のつくり方が決められている。こうして法で規定する最低限の基準をクリアーしているだけでなく、より高い性能を示す仕組みとして住宅性能表示制度がある（第2章参照）。さらに、一定の質を総合的にクリアーした性能をもつ住宅を長期優良住宅として認定する制度がある[4)]。長期優良住宅は、「よいものをつくり、しっかりと管理し、市場で循環する」ことを目指した制度であるため、構造躯体等の劣化対策、耐震性、可変性、維持管理・更新の容易性、高齢者等対策、省エネルギー対策、一定以上の住宅規模、及び良好な景観の形成への配慮等が基準となっており、長期に利用するといった視点からの項目となっており、遮音性等の性能は特に求められていない。ゆえに、自らの暮らしを考慮し、目的に応じた性能を見極めることが必要である。

(2) 中古住宅取引時の住宅性能の把握

中古住宅を購入する場合には、「いつまで使えるのか」「修繕費がどの

注3）住宅認定制度としては、長期優良住宅のほかに、防犯、防災、地域貢献、子育て、マンション管理等の様々な目的に応じたものが、各自治体によって実施されている。

注4）「長期優良住宅の普及の促進に関する法律」2008年12月公布、2009年6月施行）。同法に基づいて、長期利用可能の視点から設定された基準に適合する住宅を認定する制度である。

ぐらいかかるのか」等の性能の情報を把握できないことから、購入を躊躇することがある。そこで、建物状況調査を行い、建物の性能を把握すること、さらに今までの修繕状況を把握し、購入することが必要となる。

(3) 諸外国の情報開示に関する取組み

アメリカ[5]では、中古住宅[6]を購入する際に買主は建物検査員（インスペクター：inspector）に依頼し、建物検査（インスペクション）を実施することが習慣になっている。さらに、売主は住宅について知っているすべての情報を開示する責任があり、TDS（Transaction Disclosure Statement：告知書）を買主に不動産業者を通じて渡す。取引の第三者機関として関与するエスクロー会社は、取引関与の依頼を受けると、権原保険会社に不動産権原保険（Title Insurance）の手続きを依頼する。保険会社は権利関係を含めた調査を行う。通常の住宅売買契約では、売主は害虫調査（シロアリ駆除）とその証明書、自然災害情報宣言書や有害物質情報開示書、管理関係の書類や情報、ローン関係書類、固定資産税の支払い、住宅の機器類の保証書や説明書を提示する。なお、取引に関与する不動産業者の従業員は全員ブローカー（broker）、またはセールスパーソン（salesperson）の資格・免許が必要である[7]。また、売主、買主それぞれに不動産業者が代理として関与する。

イギリスでは[8]、買主はサーベーヤ（surveyor）に依頼し、建物検査を実施する。サーベーヤは建物の状態の検査だけでなく、建物の資産価値の評価をする不動産の専門家である。また、取引に関与する法律関係

注5）アメリカでも地域により取引の慣習が異なっており、ここでは主に西海岸、カリフォルニア州の事例を示す。

注6）既存住宅のうち、市場に出たものを中古住宅という。

注7）日本では、不動産業従事者の5名に1人以上を有資格者（宅地建物取引士）とすることと法で規定されている（宅地建物取引業法第31条の3第1項、施行規則第15条の5の3）。

注8）イングランド、ウェールズ、スコットランド、北アイルランドのうち、イングランドを指している。

の専門家としてソリシター（事務弁護士）が売主・買主の双方に代理人として関与する。

つまり、アメリカ、イギリスともに目に見えない情報を見える化し、取引に中立あるいは消費者を代理する専門家の関与により、消費者が安心して不動産を取引ができる体制が構築されている。

4. 重要事項説明って何？　それって必要なの？

(1) 重要事項説明-住宅購入のプロセス

住まいの購入の契約前に重要事項説明を受けることが必要である。契約のあとで、「こんなことを知っていたら、買わなかった！」というトラブルを防ぐためである。購入する住宅が決まれば、住宅購入の申し込みをする。契約をする前に住宅購入者がこれを買って本当によいか、しっかりと内容を把握し、判断することが重要になる。そのために重要

表 8-3　重要事項説明の内容

対象物件に関する事項
登記された内容（権利の種類や所有者の氏名等）
法令に基づく制限の概要（都市計画法や建築基準法等に基づく制限）
私道負担（建物の貸借の契約以外の場合）
供給・排水施設の整備状況（飲用水、電気・ガス等）
石綿使用の有無と調査内容
耐震診断の有無と内容（昭和56年6月1日以降に新築したものを除く）
造成宅地防災区域・土砂災害警戒区域・津波災害警戒区域
住宅性能評価
取引条件に関する事項（完成前のものは、完成時の形式・構造等）
代金（授受される金銭の額、授受の目的）
契約の解除に関する事項
損害賠償額の予定又は違約金に関する事項
手付金などの保全措置の概要
支払金、預り金を受領する場合の保全措置
ローン斡旋内容とローン不成立時の措置
契約内容の不適合を担保する責任のための保証保険契約
その他、水害ハザードマップ上の対象物件の位置など

表 8-4　マンション、中古住宅の場合の重要事項説明の追加項目

● マンションの場合の追加項目

1. 敷地に関する権利の種類と内容
2. 共用部分に関する規約の定め
3. 専有部分の用途の利用の制限の内容
4. 一部の特定のものにのみ使用を許す旨の内容（専用使用権）
5. 特定のものにのみ管理費用等を減免する旨の規約の内容
6. 維持修繕費の積立についての規約の内容及び既積立額
7. 管理費用の額
8. 委託業者の氏名、住所
9. 維持修繕の実施状況の記録の内容

● 中古住宅[9)]の場合の追加項目

10. 建物状況調査（インスペクション）の有無と有の場合の結果
11. 設計図書、点検記録その他の建物の建築及び維持保全の状況に関する書類として住宅履歴情報等の保存状況

な事項を契約に先立って説明を受けることになる。これを重要事項説明という。

重要事項説明は、宅地又は建物を取得しようとする者（売買の場合は買主）又は借りようとする者に対して、契約が成立する前に、不動産業者が宅地建物取引士によって、書面（重要事項説明書）を交付して行うものである。その際に、説明されるべき内容は法律で決まっている（表8-3）。こうしたルールは、不動産の円滑な流通を目指し、消費者保護等を目的とする宅地建物取引業法で規定されている。また、マンションを購入する場合には、マンションならではの説明項目が追加となり、中古住宅を購入する場合には、建物検査の有無とその結果と建物の履歴情報（新築時及びその後の点検・維持管理等の情報）が求められる（表8-4）。

注 9）宅地建物取引業法では、既存の建物という表現となっている。本書では、新築住宅以外を既存住宅、既存住宅が市場に出たものを中古住宅としている。

(2) 購入の契約

購入予定者は重要事項説明を受け、その内容を理解し、納得して契約となる。住宅の売買契約は、民法では諾成契約とされ、売主と買主の両当事者の合意で成立する。つまり、「売った」「買った」という言葉だけで法的には成立することになる。しかしそれでは、あとで問題になることを予防するために、住宅の売買・賃貸などを業とする人（宅地建物取引業者、一般的には不動産業者）が関与する場合は宅地建物取引業法に従い、売買契約の前に重要事項説明を買主に対して書面にて行い、成立後は遅滞なく一定の事項を記載した書面を当事者に交付することになる。なお、「業」とはそれを反復継続して行うことである。つまり、消費者は契約前に契約内容を確認し、契約後は契約の主な内容を記載した書面を受け取ることになる。

このように契約当事者に契約の書面化は義務付けられていないが、不動産業者が契約当事者の合意内容を書面化して交付し、後日の争いを防ぐことを目指している。こうして、高額である住宅などの不動産の取引では、他の商品の売買とは異なり、単なる合意のみで契約の成立を認めるのではなく、具体的に売買契約書を作成する、手付金を授受する、あるいはその両者が整う場合に、契約が成立したとして扱うことになる。

売買契約書について、不動産業者が関与する場合には、法で記載が決められている必修の記載事項があるが、任意の記載事項もあるため、必ずすべてのことが契約書に自動的に記載されているわけではない。そこで、消費者は契約の内容の確認をすることが必要である。

また、契約時に手付金を払うことが慣習になっているが、不動産業者が売主の場合は、手付金は売買代金総額の２割以内に制限される。さらに売買代金の10％（造成工事や建築工事が未完成の場合は５％）又は1000万円を超える手付金等（契約日以降、住宅引き渡し前までに支払う手付金のほか中間金等を含む）を業者が受け取る場合は、消費者を業者の倒産等から守るために保全措置を講じる必要がある。購入者は保全措置として保証機関の発行した保証書を受け取ることになる。これは、契約成立後、契約履行までの間に生じる可能性がある購入者に不利なできごとから消費者を守るためである。

なお、契約時に住宅購入のための住宅ローンが確定しない場合には、住宅ローンに関する特約などの条件を付けて契約をする場合もある。

(3) 引き渡しと登記

住まいを購入する買主は売買契約の履行日に代金を売主に支払い、領収書を受け取る。所有権移転登記申請書を完備し、残工事や補修工事の有無や終了を確認する。所有権移転登記手続きが完了したら、登記識別情報が通知される[10)]。

なお、住宅購入にかかる費用として、住宅や土地購入の売買代金だけでなく、売買に伴う諸費用、税金等の支払いも必要となる（第6章参照)。

(4) 契約の解除

一度成立した売買契約であっても両当事者が合意をすれば解除できる。また、放棄すれば契約の解除ができる性格の手付金（解約手付）を授受している場合には、手付金を放棄することで契約解除も可能である。さらに、住宅ローンが受けられない場合に、契約解除できる、住宅ローン解除特約に基づいて契約解除することがある。こうした合意や契約で規定した内容に基づく契約解除のほかに、消費者である買主を守るために契約解除することが法律で認められているものがある。クーリングオフ制度、債務不履行による解除、契約不適合による解除、消費者契

注 10) 2004年の不動産登記法改正により登記済証（いわゆる権利証）を受け取る仕組みから、登記識別情報の通知に制度が変更となっている。ただし、2004年以前の取引のものは登記済証が有効となる。

約法による契約の取り消しである。消費者契約法の対象となる消費者契約とは、消費者個人と事業者との間で締結される契約である。消費者契約法に基づき事業者から、重要事項について事実と異なることを告げられる、不確実な事項について断定的判断を告げられる、故意に不利益となる事実が告げられないために、誤認した買主が行った消費者契約の申し込みや意思表示は取消すことができる。事業者が住居などに訪問して契約を勧誘し、買主が帰って欲しいと告げているのに退去しない場合や、勧誘を受けている場所から買主を退去させないことによって、買主が困惑し行った消費者契約の申し込みや意思表示も、取消すことができる。

(5) 購入した住まいに欠陥がある場合

購入した住まいが「目的物が種類、品質又は数量に関して契約の内容に適合しないものであるとき」（民法第 562 条第１項本文）がある。つまり、契約内容と違ったものを売主が提供した場合である。これに対応すべきが、売主の契約不適合責任である。この際には、買主には４つの権利が認められる。第一は、追完請求権（民法第 562 条）で、住まいの修補，代替物の引渡し又は不足分の引渡しなどの方法により，改めて完全な給付を求める権利である。第二は、代金減額請求権（民法第 563 条）である。買主が相当の期間を定めて履行の追完の催告をし、その期間内に履行の追完がないときは、買主は、その不適合の程度に応じて代金の減額を請求することができる。第三には、損害賠償請求権（民法第 564 条，第 415 条）、第四には、解除権（民法第 564 条，同第 541 条，同第 542 条）である。買主は，追完の催告をしたにもかかわらず，売主が追完しない場合，契約を解除することができる（同第 541 条）（章末コラム参照）。このように、消費者を守る制度が用意されている。

5. まとめ

住まいの購入には消費者自身が多様な視点から総合的な判断が必要となる。そのためには、正しい知識をもち、自分の価値のもとで主体的に判断することが必要となる。しかし、住まいを供給する側と供給される側には情報の非対称性が存在していることがある（章末コラム）。ゆえに、法や制度によって消費者が守られるための体制が設けられているため、消費者自身がその制度を理解し、利用し、さらに自ら住まいに関する情報を収集し、情報を判断し、購入の意思決定をすることが重要である。

そして、消費者がより安心に主体的に住まいを購入できる体制として、建物の性能の情報の開示の推進、その情報を正しく判断できる消費者教育が必要である。

学習課題

1. 住宅の売買の広告を見てみよう。どんな情報がのっているだろうか。
2. 住宅の売買契約書を見てみよう。住宅の重要事項説明を見てみよう。どんな情報が記載されているだろうか。

参考文献

1. 齊藤広子『はじめて学ぶ不動産学　入門』市ヶ谷出版社　2018 年
2. 筒井建夫・村松秀樹『一問一答　民法（債権関係）改正』商事法務　2018 年

コラム

情報の非対称性　藤原　徹

住宅や土地などは、その性質について売主側が熟知している一方で、買主側は十分にはわからない、というケースが少なくない。このように、取引の当事者間でもっている情報に差があることを「情報の非対称性がある」という。では、契約前に財の品質についての情報が非対称だと何が起きるだろうか、ごく簡単な例で確かめてみよう。

いま、10軒の中古住宅が売りに出されているとする。そのうちの5軒はメンテナンスもしっかりした、「質の高い」住宅であり、残りの5軒は「普通の質」の住宅であるとする。売主側は10軒の住宅それぞれについて、質が高いか普通かを把握しているとする。質が高い住宅は5,000万円以上、普通の住宅は3,000万円以上での売却を希望しているとする。

一方、買主側は個別の住宅について、質が高いか普通かを判別できないとする。質の高い住宅は5,500万円以下での、普通の質の住宅は3,500万円以下での購入を希望しているとする。

さて、このような状況でみなさんが住宅の買主側だとするとどのように行動をするだろうか。実際に住宅を見てみるとどれも素敵に見えるし、見学した日とは異なる時間帯、天気、季節ではまた様相が異なっているかもしれない。希望売却価格が5,000万円と表示されていたとしても、それが「質の高い」ことの証にはならない。なぜなら、売主側は普通の質の住宅は3,500万円以上での売却を期待しているからである。

1つの考え方として、10軒のうちのある1軒の住宅の質が高いか低いかは半々の確率なのだから、購入希望額も半々、つまり5,500万円×1/2＋3,500万円×1/2＝4,500万円とすることが考えられる。確率論でいう期待値の考え方である。

この場合、売主側はどうするだろうか。買主側の4,500万円のオファーを受け入れて売却してもよいのは、普通の質の住宅だけである。買主側もそれを読んでいるので、結局は3,500万以下のオファーを出す。3,000万円以上のオファーであれば、普通の質の住宅のみ売買が成立することになる。したがって、質の高い住宅が相対的に高い価格で、普通の質の住宅が相対的に低い価格で取引される方が望ましいにもかかわらず、個別の住宅の情報の質に非対称性があることにより、売買が成立するのは、質の低い住宅のみになってしまう。これを逆淘汰（Adverse Selection）という。

逆淘汰を防ぐ有効な方法は、情報をもつ側がもたない側に対してシグナルを送ることである（シグナリング）。例えば、購入後何年間かは保証を付ける、といったことが考えられる。普通の質の住宅に保証を付けたらビジネスが成立しないのであれば、保証を付けることが質の高いことの証となる。

住宅性能表示制度や「安心R住宅」制度などは、シグナリングとしての性格ももっていると考えられる。追加的なコストをかけて質に関する評価を受けることは、質の高い住宅でないと難しい。

契約後の行動の情報について非対称性がある場合は、モラルハザード（道徳的危険）と呼ばれる問題が発生する。保険に入ったことによって却って危険を避けるための努力を怠ってしまったり、借家人が家を丁寧に扱うことを怠ってしまったり、といったケースが例として挙げられる。これらは、真にやむを得ない原因で事故が起きたり家が劣化したりしたのか、加入者や借家人が適切な行動を取らなかったことが原因なのかを証明できないことから発生する。モラルハザードとその対策の詳細については、以下の文献等を参照されたい。

参考文献

八田達夫『ミクロ経済学Ⅰ・Ⅱ』、東洋経済新報社　2008年、2009年

コラム

民法改正と瑕疵（かし）、契約不適合　周藤利一

(1)「瑕疵」の意味と「契約不適合」の意味

2020年4月1日から施行された改正民法により、売買契約や請負契約における「瑕疵」という文言が「契約不適合」に改められた(注i)。「瑕疵」は日本語の意味としてはキズであるが、判例は(注ii)、その実質的な意味を「契約の内容に適合しないこと」であると解釈していた。そのため、目的物に多少のキズがあっても、契約の内容に適合する限り、「瑕疵」ではないと扱われる。

そこで、日本語としての本来の意味と法律上の意味の混乱を避けるため、改正民法では「契約の内容に適合しない」との用語を用いて、従前の「瑕疵」の具体的な意味内容を端的に表すことにしたのである(注iii)。

(2) 瑕疵＝契約不適合を誰が決めるか

改正前民法においては、目的物に瑕疵があった場合に売主や請負人が買主・

注文主に対して負う責任（瑕疵担保責任）の性質に関し、学説の対立があったが、売主は一般に種類、品質及び数量に関して契約の内容に適合した目的物を引き渡す債務を負うことを前提に、引き渡された目的物が契約の内容に適合しない場合には債務は未履行であるという契約責任説が有力であった。

改正民法は、この契約責任説を基本として買主や注文主が有する救済手段を明文化した。

ここで、当事者は契約の内容を自由に定めることができるという契約自由の原則があるので、契約不適合の具体的な意味を契約ごとに当事者が定めることができる（これを「特約」と呼ぶ）。場合によっては、契約不適合責任を一切負わないという特約も不可能ではない。

(3) 契約書に記載しない場合

それでは、契約書に目的物の種類、品質又は数量に関し記載がない場合はどうか。さすがに、契約書に書いてないから、どのような目的物を引き渡しても契約不適合にはならないというわけにはいかない。

その場合には、社会通念上、一般にその目的物に求められる種類、品質又は数量に適合しているか否かという基準に従い判断されることになるが、この点は改正前後で変わらない。

(4) 責任の取り方

変更があったのは、責任の取り方、買主・注文主の立場からは請求権であり、下表の通りである。

<table>
<tr><th></th><th>改正前民法</th><th>改正民法</th></tr>
<tr><td>売　買</td><td>・損害賠償請求権あり
・契約の目的を達成できない場合、解除権あり
・追完請求権なし（＊1）</td><td rowspan="2">（売買・請負に共通）
①追完請求権（第562条）
②代金減額請求権（第563条）
③解除権（第541条、第542条）
④損害賠償請求権（第415条）</td></tr>
<tr><td>請　負</td><td>・損害賠償請求権あり
・修補請求権あり
・解除権なし（＊2）</td></tr>
</table>

（＊1）追完請求権とは、目的物の修補、代替物の引き渡し等による履行の追完を請求する権利。

（＊2）民法改正前、請負で契約目的を達成できないほどの重大な瑕疵がある場合、判例は解除を認めていた。

(5) 請求できる期間の変更

改正民法により時効制度が全体として大きく改正されたが、契約不適合に関しては、次のルールに改められた（民法第566条）。

① 買主は、契約不適合を知ったときから1年以内にその旨を売主に通知しなければならない。

② 1年以内に通知しない場合、その後、具体的に追完請求、代金減額請求、損害賠償請求、契約の解除をすることができない。

③ ただし、売主が引き渡しの時に契約不適合を知っていたとき又は重大な過失によって知らなかったときは、買主は、1年以内に通知しなかったとしても、追完請求、代金減額請求、損害賠償請求、契約の解除をすることができる。

④ 追完請求、代金減額請求、損害賠償請求、契約の解除権は、契約不適合を知ったときから5年間又は引き渡し時から10年間のいずれか早い時点で時効により消滅する。

（注）

i 立法担当者による解説として「一問一答・民法（債権関係）改正」商事法務、2018年がある。

ii 最高裁判決を判例と呼ぶ。ここでは、最高裁平成22年6月11日判決、最高裁平成25年3月22日判決参照。

iii 改正前民法で瑕疵担保責任を負うのは「隠れた瑕疵」つまり、買主が知らなかった場合に限られていたので、改正民法が「隠れた」要件を撤廃したことは、法律の変更ではないかとの疑問がありそうだが、買主が知っていたかどうかは契約内容の確定（契約の解釈）に当たり考慮されるので、結果的に変わらないといえる。

参考文献

民法改正と住宅問題研究会編『民法改正で変わる住宅トラブルへの対応』、中央経済社 2017年

9 マンションを管理する

齊藤広子

《**目標＆ポイント**》 太郎さんは、「管理組合の理事をよろしくお願いしますね」といわれました。でも、マンションの管理組合、理事が何かわかりません。そもそもマンションでは何を買ったのでしょうか。そして壊れてもいないのに大規模な修繕するなんて理解できません。マンションの所有方法、管理の基本的なことを理解しましょう。
《**キーワード**》 マンション、区分所有、管理組合、大規模修繕

1. はじめに

マンション（本章では、区分所有のマンションを指す）は、1つの建物を区分して所有する建物である。マンションを買ったとはいったい何を買ったのか。つまり、区分所有とは何であろうか。そして、マンションの所有者にはどんな責任があるのか。また、マンションでは1つの建物を区分して所有しているがゆえに、多くの所有者がいるが、どのように管理するのか。管理組合とは何で、なぜ、全員が入らないといけないのか。さらに、修繕を計画的に行うために修繕積立金を集めているが、何のためのお金で、どのように計画的に修繕するのか。大規模修繕とは何であるのか。どこか壊れているのだろうか。マンションで快適に暮らすために、資産として適正に維持管理をし、地域の資源となるために必要なマンションの所有と管理について学ぼう。

2. マンションって何を買ったの？ 庭に建物を建てていい？

(1) 区分所有とは

「マンションを買った」という場合、いったい何を買ったのか。

自分が買った住戸（じゅうこ）、例えば、102号室を買い、それに共用の廊下や階段、エレベーター等のみんなで使う共用部分と、敷地の利用権の持分もいっしょに買ったことである。

では具体的にマンションの所有の仕組みを理解しよう。1つの建物を区分して所有することを、区分所有といい、住戸を買った人を区分所有者という。各号室を専有部分といい、基本的には各区分所有者が利用し、管理をする。みんなで使う廊下や階段、エレベーター、建物の外壁・屋上、これを共用部分といい、みんなで利用し、管理をする。ここは基本的にはみんなの共有である。なお、共用部分には法定共用部分と規約共用部分がある。法定共用部分とは、どのマンションでも共用部分として取り扱われる部分である。共用の廊下や階段、エレベーター、建物の外壁などである。一方、規約共用部分とは、マンションごとに規約で定め、共用部分とするところである。例えば、管理員室や集会室などがある。

(2) 敷地利用権

マンションは、建物の専有部分と共用部分、いわば建物だけでは成り立たない。その敷地が必要である。専有部分と共用部分と敷地利用権は切り離せない関係になっている。専有部分を売買すると、共用部分と敷地利用権の持分が必ずついてくる関係ができている[1)]。建物と敷地を別に処分することを難しくする、あるいはできないようにしているのが区分所有法である。また、登記制度と連動しており、建物の所有の権利と

注1）ただし、1983年（昭和58年）以前につくられたマンションにはこの体制が構築されていない場合がある。

敷地利用権の分離は原則起こらない。

なぜ、そんな仕組みになっているのか。これは、わが国では基本は土地（敷地）と建物が別個の不動産であり、ゆえに、通常は土地と建物が別個の登記が行われる。しかし、マンションでその方法が使われると、マンションが大型化すれば、土地と建物の登記簿が膨大になり、複雑になる。ゆえに、取引の安全などを考えて、マンションの場合は、専有部分と敷地利用権は原則として分離できないように区分所有法で定め、登記上では敷地権は専有部分の登記の表題部に示される方法がとられる。つまり、一体的に取り扱いがされる仕組みとなっているのである。

敷地はみんなで利用する権利をもっているので、例えば、マンションの１階に庭があるからといって勝手に建物を建てて利用することはできない。102号室用の庭は、専用部分ではあるが、共有の敷地となる。よって専有部分ではない。また、専用の庭であってもマンション全体の環境、景観を考えることが重要になり、勝手に増改築や物をつくることはできない。

区分所有の仕組み（専有部分と共用部分）

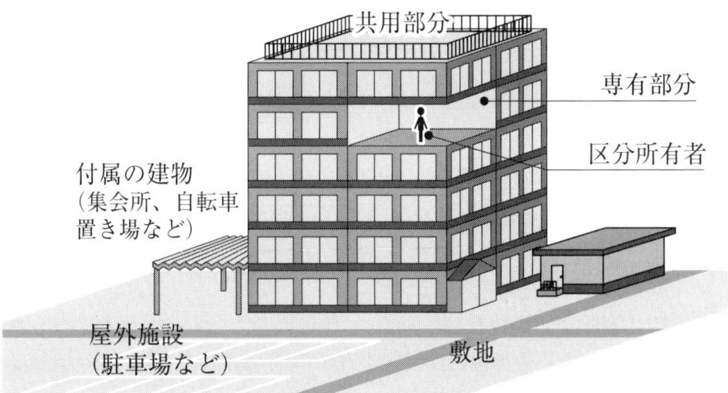

図9-1　マンションの専有部分、共用部分、敷地

3. 管理組合に入らなくてはいけないの？

(1) 管理組合

マンションを買った人である区分所有者は全員管理組合に入ることになる。管理組合はマンションを快適な居住の場、適正な維持管理を行い、資産価値を維持向上させるために必要な団体である。なぜ、こうした団体が必要なのか。マンションは、1つの建物であるがゆえに、各自が勝手な住まい方や、リフォームをすれば近隣に迷惑がかかる。また、共用部分の修繕の仕方やそのための費用負担等を決める必要がある。そのため、区分所有した建物はみんなで管理することが必要となる。そこで、区分所有者全員で管理を行うためのチームをつくる。これが管理組合であり、建物を区分所有した場合の管理のルールを決めている区分所有法（建物の区分所有等に関する法律）でいう「管理を行うための団体」になる。

なお、102号室等の住戸を買った瞬間から自動的に団体の構成員となる。ゆえに、「私は入りたくない」「私はまだ署名していない」などの理由から拒否したりできない。建物所有者として、管理に参加する権利と義務を負うのである。

表 9-1　区分所有法における管理組合の規定

区分所有法第3条 第3条：区分所有者は全員で建物並びにその敷地及び附属施設の管理を行うための団体を構成し、この法律の定めるところにより、集会を開き、規約を定め、及び管理者をおくことができる。 解説 上記の管理を行うための団体は、通常、「管理組合」と呼ばれている。法的には名称は何でもよい。管理組合は区分所有者により構成される。マンションに住んでいない不在所有者も含まれる。一方、借りて住んでいる人は含まれない。

(2) マンション管理の進め方

管理組合の運営は、区分所有法を基本とし、管理規約、集会（総会）、管理者を基本として進める。

①管理規約

マンション管理の基本は区分所有法であるが、区分所有法とはマンションだけを対象としているのではなく、ビル、倉庫、戸建て住宅地でも適用できる。また、2戸のマンションでも1000戸のマンションでも同じ法律が適用される。そのため、細かいルールをこの法律で決めておけない。そこで、使用や管理に関して区分所有の不動産すべてに適用できるように、最低限のルールだけを法で決めている。そのため、このマンションでは「リフォームをする際にはこうしてください」「ペットを飼ってはいけません」「事務所にしないでください」「管理費と修繕積立金はこのように負担しましょう」というルールは、各マンションの管理規約のなかで定める。管理規約はマンション内の憲法ともいわれ、そこを買った人や住む人々の、利用や管理の仕方のルールを決めるものである。

しかし、管理規約で何でも決められるわけではない。区分所有法の規定に反する内容は無効となる。つまり、区分所有法の内容には集会の決議や規約をもっても変えることができない強行規定の項目と、規約や集会で決められる項目がある。規約では、区分所有法に書いていないことや、「区分所有法では大原則はこうであるが、規約等で別の定めをしてもよい」となっている項目については決めることができる。なお、管理規約のモデルとして、マンション標準管理規約（国土交通省作成）がある。

②集会（総会）

マンションでは、大事なことは区分所有者全員が集まる集会で方針を決める。その集会は、通常、総会と呼ばれる。総会で決まったことは管理規約に書いてあることと同じ効力をもつ。そのため、総会には区分所有者は全員参加する権利をもち、議決権をもち、直接その決定にかかわる。

最低年1回は総会を開き、事業報告、会計報告をはじめ、次年度の事業計画・予算案を審議し、理事の交代などを決める。臨時に集まる必要がある場合には、臨時総会を開く。集会での決議には、普通決議事項と特別決議事項がある。次年度の事業計画・予算案等は普通決議事項で、マンション管理の大きな方針、特に方針変更にかかわること、例えば、共用部分の変更、敷地や附属施設の変更、規約の改正、管理組合法人にする等は、特別決議事項になる。普通決議事項は区分所有者及び議決権の各過半数、特別決議事項は区分所有者と議決権の各4分の3以上の多数の賛成、建替えは区分所有者及び議決権の各5分の4以上の多数の賛成が必要である。なお、議決権は通常のマンションでは専有部分の床面積の割合に応じる[2)]。

総会は全区分所有者が一斉に集まり行われることが前提となっているが、新型コロナウイルス感染症拡大の影響を受け、ITを活用した総会等の会議の実施が可能であることが明確化された（2021年標準管理規約改正）。

③管理者

管理者とは、各マンションの管理の最高責任者で、管理組合の代理人でもある。通常のマンションでは、区分所有者のなかから理事を選び、理事会を構成し、理事長を選出する。そして、理事長が管理者になることが多い。

では、理事会とは何か。理事会は、総会で決めたことを、より具体的に進めるために相談をする、総会で審議する案をつくるなどを行う執行

注2）2016年3月に改訂されたマンション標準管理規約では、新規分譲のマンションでは、価値割合による考え方も示されている。また上記の議決要件は規約で区分所有法とは別に定めることが可能なものもある。

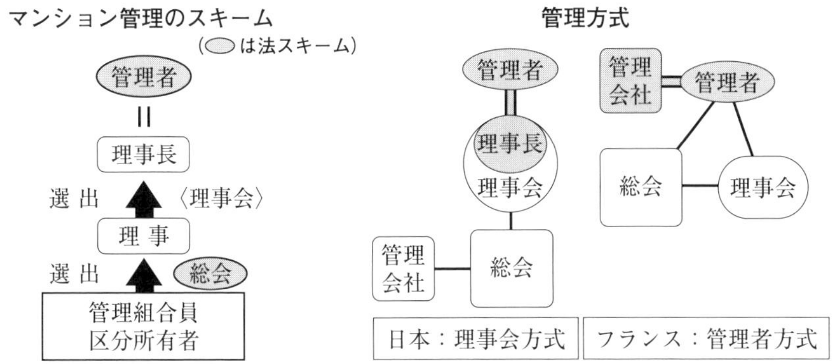

図 9-2　マンション管理の仕組み

機関である。具体的には、収支決算案、事業報告案、収支予算案及び事業計画案の作成、規約の変更及び使用細則の制定または変更・廃止の案づくり、長期修繕計画の作成または変更の案づくり、専有部分のリフォームの承認などを行い、管理組合の舵をとる大切な機能がある。

なお、日本では理事会方式をとり、理事長が管理者になることが多いが、フランスでは管理者に管理会社等の第三者がなることが多い。日本でもマンション管理士や管理会社である第三者が管理者となる方式が増えつつある。

④管理費と修繕積立金

管理組合は、区分所有者に対して、必要な費用を賦課する権利がある。そこで、管理組合は、マンションを共同で管理をするために、管理費と修繕積立金を徴収する。管理費とは、1. 管理員人件費、2. 公租公課、3. 共用設備の保守維持費及び運転費、4. 備品費、通信費その他の事務費、5. 共用部分等にかかる火災保険料、地震保険料その他の損害保険料、6. 経常的な補修費、7. 清掃費、消毒費及びごみ処理費、8. 管理会社への委託業務費、9. 専門的知識を有する者の活用に要する費用、

10. 管理組合の運営に要する費用、などで構成される。年間に必要な費用を見積もり、各月、各住戸の負担額を算出する。費用の金額は提供されるサービスの量と質、専門家等への委託の状態、負担する戸数等によって異なってくる。

一方、修繕積立金とは、将来の計画修繕に備えて積み立てる費用で、これも管理組合が徴収し、保管することになる。この２つは目的が異なる費用であり、分けて管理することになる。

4. なぜ、修繕が必要なの？　どこか壊れているの？

(1) 長期修繕計画と計画修繕

どこか壊れている場合に行う修繕は経常修繕であり、それとは別に建物を適正に長持ちさせるためには計画的に修繕を行うことが必要となる。後者を計画修繕という。よって修繕をするからといって壊れているとは限らない。マンションでは、共用部分の修繕は区分所有者全員が協力し、費用を負担する。みんなで納得し、費用負担するには、あらかじめ、いつ、どのような修繕をどの程度の費用をかけて行うのかの目標像を共有し、そのために必要な費用を積み立て修繕に備える必要がある。ゆえに、長期修繕計画（30年以上でかつ大規模修繕工事が２回含まれる期間以上）を作成し、それを根拠とした修繕積立金の金額を設定し、それを各区分所有者が負担し、管理組合として月々計画修繕に備えて費用を積み立てることになる。

長期修繕計画は、その内容を定期的に見直すことが必要である。それは計画どおりに建物が傷むとは限らず、そんなに修繕を急がなくてもよい場合、また、逆に計画よりも急いで修繕を行った方がよい場合もある。計画内容の見直しのために、建物の傷みぐあいを診断する、建物の劣化診断を行うことになる。

(2) 大規模修繕

建物の適正な計画修繕の時期とは、その建物の建てられた状態、その後の経過等によって異なってくる。目安としては、5～7年で廊下、階段、バルコニーの手すりなどの鉄部の塗装、12～15年で外壁の塗装や屋上防水のやり直し、築20年を過ぎると、設備関係の工事、窓及び玄関扉等の開口部の改良等が必要である。外壁や屋上、設備の修繕等、計画修繕の中でも大規模な工事を伴い、多額の費用がかかる修繕を大規模修繕と呼ぶ。

大規模修繕実施には、総会での決議が必要である。工事を進めるには

表9-2　大規模修繕工事を行う際の決議（普通決議と特別決議の場合）

普通決議で行えるもの	1. 計画修繕工事で、鉄部塗装工事、外壁補修工事、屋上等防水工事、給水管更生・更新工事、照明設備、共聴設備、消防用設備、エレベーター設備の更新工事 2. バリアフリー化の工事で、建物の基本的構造部分を取り壊す等の加工を伴わずに階段にスロープを併設し、手すりを追加する工事 3. 耐震改修工事で、柱やはりに炭素繊維シートや鉄板を巻き付けて補修する工事や、構造躯体に壁や筋かいなどの耐震部材を設置する工事で基本的構造部分への加工が小さいもの 4. 防犯化工事で、オートロック設備を設置する際、配線を、空き管路内に通したり、建物の外周に敷設したりするなど共用部分の加工の程度が小さい場合の工事や、防犯カメラ、防犯灯の設置工事 5. IT化工事で、光ファイバー・ケーブルの敷設工事を実施する場合で、その工事が既存のパイプスペースなどを利用するなど、共用部分の形状に変更を加えることなく実施できる工事 6. 窓枠、窓ガラス、玄関扉等の一斉交換工事、既に不要となったダストボックスや高置水槽等の撤去工事
特別決議が必要なもの	1. エレベーターを新たに設置する工事 2. 集会室、駐車場、駐輪場の増改築工事などで、大規模なものや著しい加工を伴うもの

（出典）国土交通省「マンション標準管理規約コメント」

工事内容の検討、金額の見積もり、工事実施方法、業者・施工者の選定が必要になる。通常の大規模修繕の決議は普通決議、つまり過半数の賛成を得て行うが、大規模な改善工事を伴う場合は、特別決議として4分の3以上の賛成が必要である。つまり、大規模修繕は予定されている管理行為として位置づけられているということである。なお、修繕のみの繰り返しでは、社会的な基準からみれば陳腐化するため、時代にあった社会的水準に向上させながら、マンションを維持管理することが必要になる。

また、大規模修繕は管理組合という工事に関して専門家でない集団が発注者となることから専門家（設計事務所等）が管理組合から工事監理の委任を受け、施工会社が契約通りに工事を行っているかを監督する方法（設計監理方式）がある。

5. 管理は管理会社にまかしておけばよいのでは？

(1) マンション管理の主体は管理組合

マンション管理の主体は、管理組合である。管理会社は管理組合から委託を受けた業務を行う。よって、管理会社に委託をしても、管理組合、その構成員である区分所有者の責任がなくなるわけではなく、何もしないわけにはいかない。ゆえに、管理会社に委託しても、管理組合や区分所有者が主体的に管理を行うことは重要である。

管理会社は大きくわけて4つの業務を行う。1つめは、出納業務・会計業務・管理運営補助等の事務管理業務である。2つめは、管理員による受付や点検などの業務である。3つめは、廊下・階段、マンション玄関などの共用部分の清掃、植栽の手入れなどの清掃業務である。4つめは、エレベーターや受水槽等の設備の保守・点検といった建物・設備管理業務である。

管理組合が管理会社に何を委託するのかは、管理委託契約書で明確にすることが必要である。管理委託契約書のモデルとして、マンション標準管理委託契約書（国土交通省作成）がある。契約の締結または更新の際に、管理会社はマンション管理適正化法（マンションの管理の適正化の推進に関する法律）に基づいて、契約の大事な事柄は書面で組合員全員に配付し、その内容を説明会で説明する。区分所有者は説明会に参加し、わからない点は質問し、理解することが大切になる。説明会で、重要事項を説明するのは管理業務主任者である[3]。なお、管理組合を日常的に支える管理会社は、国に登録する必要がある。そのためには、管理している組合数に応じて管理業務主任者の設置等が必要である。

また、説明会が原則対面方式で行われてきたが、IT 環境が大きく変化してきたことから、電磁的方法による交付や IT を活用した説明会も可能となる（2020 年マンション管理適正化法改正）。

(2) 国及び地方自治体のマンション管理の適正化の役割

マンション管理適正化法では、管理組合、区分所有者が主体となり管理することが位置づけられ、管理組合が主体的に管理するための支援体制を規定している。国、地方公共団体のマンション管理における役割を明確にし、さらに区分所有者等に対し、適正なアドバイスを行う専門家として、マンション管理士（国家資格）制度を創設している。また、管理組合が適正に維持管理を行えるように、分譲会社は、管理組合管理者等に対し、建物や附属施設の設計に関する図書（1. 付近見取図、2. 配置図、3. 仕様書（仕上げ表を含む。）、4. 各階平面図、5. 二面以上の立面図、6. 断面図又は矩計図、7. 基礎伏図、8. 各階床伏図、9. 小屋伏図、10. 構造詳細図、11. 構造計算書（地盤情報を含む。））を交付することになる。

さらに、管理不全マンションが一定存在することから、マンションの

注 3）管理業務主任者とは、マンション管理適正化法により、創設された国家資格である。

適正な維持管理の推進、さらに地域や近隣への外部不経済を予防するためにもマンション管理への行政関与が強化され、一方では、計画的に管理を進めている管理組合を行政が認定する制度も創設されている[4)]。

マンション管理の質が市場で評価される体制が整いつつある一方で、管理が適正に実施できていないマンションに対する社会的な支援体制の整備がより必要となっている。

6. まとめ

マンションを買った区分所有者は、管理に関する責任と義務をもち、マンションの所有と管理の基本的な仕組みを理解し、住宅購入前から、管理方法（規約の内容や修繕計画や積立金額等）を把握し、マンションの購入を決めることが重要になる。管理の基本となる法は同じであるが、各マンションの管理方法は異なることがある。適正にマンションを維持管理しているのか、合理的で民主的な管理運営が行われているのか。活発なコミュニティ活動があるのかなどの管理の状態あるいはそうした点を考慮した管理方法が設定されているかを把握した上で、購入の意思決定をすることが重要になる。そのためには、マンションの管理情報の開示、それを判断できる生活者の力が今後ますます重要になり、住み手、区分所有者さらには専門家等が協力し、暮らしの価値を上げることが必要である。

さらに、マンションは東日本大震災の際に、地域の拠点としても機能したことから、地域貢献への期待も高まっている。そのため、管理の適正化はマンションの居住者、区分所有者だけでなく、近隣や地域と、より社会的に求められ、地域と連携し、より地域力を高めることも期待されている。

注 4）2020 年 6 月にマンション管理適正化法が改正され、行政による指導・助言、勧告制度、管理組合の認定制度等が整備された。

学習課題

1. マンションの販売の広告を見てみよう。管理に関するどんな情報が記載されているだろうか。
2. 管理不全マンションはないだろうか。管理不全になった場合の地域や近隣への影響、また、予防のために何が必要かを考えてみよう。

参考文献

1. 齊藤広子・篠原みちこ・鎌野邦樹『新・マンション管理の実務と法律 高齢化, 老朽化, 耐震改修, 建替えなんて怖くない！』日本加除出版　2013年
2. マンション管理センター『マンション管理の知識』大成出版社　2021年
3. 齊藤広子他『タワーマンションを考える』プログレス　2020年
4. 齊藤広子『定期借地権マンションの法的課題と対応』信山社　2021年

コラム

共有地（コモンズ）の悲劇　藤原　徹

この章では、マンションを購入しても必ずしもすべてが「自分のもの」になるわけではないことを学習した。このコラムでは、「自分のもの」「みんなのもの」について少し考えてみたい。

「ある人がその財・サービスを消費しても、ほかの人がその財・サービスを消費可能な量が変わらない」という性質を、「非競合性」という。例えば、道路や公園は、混雑が発生していない限りは、ある人が利用してもその他の利用者が利用できなくなるわけではない。一方で、ペットボトルの飲み物をある人が飲んでしまえば、ほかの人が飲むことはできない（競合性がある）。

「特定の人（例えば、対価を支払わない人）をその財・サービスの利用から排除することが困難である」という性質を、「非排除性」という。例えば、ある県道を、その県に納税していないから、という理由で利用を禁止することは

できない。

この２つの性質から財・サービスを分類すると、以下の表のように整理できる。

	排除	非排除
競合	私的財	共有資源
非競合	クラブ財 （ケーブルテレビなど）	公共財 （国防、一般道路など）

私たちが、お店で購入して消費するものの大半は私的財である。一方、国防や一般道路などは、非競合性と非排除性の両方の性質をもつので、「公共財」と呼ばれる。これは一般の「公共性」とは意味合いが異なる。例えば、医療は公共性が高いと考えられるが、排除可能で競合性もある。

排除可能であるが競合しない財は、「クラブ財」と呼ばれる。例えば、ケーブルテレビは、契約者のみ視聴できるが、契約者が増えたことでほかの契約者が番組を見れなくなることはない。

競合するが非排除性をもつ財を「共有資源」と呼ぶ。共有資源は排除が不可能、つまり誰もが自由に利用可能（オープン・アクセス）であるので、利用を適切に管理しないと、過剰利用によって資源が枯渇してしまう可能性がある。これを Hardin, G. (1968) は「共有地（コモンズ）の悲劇」と名づけた。

Hardin, G. (1968) は、共同の牧草地で牛を放牧する例を用いている。自分の牧草地であれば、牧草が枯渇しないように牛の飼育数を管理する。ところが、共同の牧草地の場合には、自分が牛の飼育数を減らしても他人が牛の飼育数を増やしてしまえば、牧草の適正な管理はなされない一方で自分の利益は減ることになる。したがって、合理的な利用者は自らの利益を最大化しようとするので、すべての利用者が牛の飼育数を増やすことによって最終的には牧草が枯渇してしまう。

「共有」という言葉に引きずられがちだが、オープン・アクセスであることが、共有地の悲劇が起きる原因となっている。かつての入会林のように、共同体による所有、管理が適切になされれば、過剰利用を防げる可能性はある。

「公共財」や「コモンズ」は様々な文脈で微妙に異なった意味合いで用いられることも少なくないが、どのような定義に基づいた議論なのかを正確に把握したい。

参考文献

Hardin, G. (1968), "The Tragedy of the Commons," *Science*, Vol.162, Issue 3859, pp.1243-1248.

八田達夫『ミクロ経済学Ⅰ・Ⅱ』、東洋経済新報社　2008年、2009年

コラム

マンション法制の国際比較　周藤利一

(1) 基本的事項

日本の法律では、土地と建物は別の不動産として扱われるが、土地が国有の国家以外では、極めて少数の制度である。欧米法は、土地・建物を一体としての不動産としているので、一団（いちだん）の土地に複数の建物が建つことを特別に規律する日本の区分所有法の団地に関する規定は存在しない。

しかし、建物に対する専有部分と共用部分の区別を多くの国が認めている。1棟の建物に複数の住戸（各世帯が独立して居住可能）が集合するという形式は共通であるから、当然の仕組みであるともいえる。

そして、このことは各部分を所有・利用する主体の権利・義務の調整の仕組み、共用部分の管理の仕組みもまた必要とすることとなる。具体的には、区分所有者による団体、意思決定機関としての総会、業務執行機関としての理事会、管理を受託する専門業者などが各国の法制で定められている。

(2) 最初のマンション法

マンションに関する独立した法律として最初に制定されたのは、ギリシャの階層に区分した所有に関する1929年法である。

(3) 1961年ニューサウスウェールズ州区分所有法（オーストラリア）

同法は、英語圏諸国（英米法系）で最初に制定された区分所有法制であり、その内容は近隣諸国からアメリカ、カナダ、イギリスにまで大きな影響を与えている。

区分所有建物が建設され、区分所有（Strata Title）の登記がされると同時に、区分所有者全員によって管理組合（Owners Corporation）が自動的に設立される。管理組合は、区分所有の管理について主たる責任を負い、区分所有者のために共用部分の使用に関する管理を行い、区分所有管理業者（Strata Management Agent）や建物管理人（Building manager）と契約を結ぶ。

区分所有者による通常集会は年1回以上開催しなければならず、必要な時は臨時集会を開くことができる。集会の議決権は専有部分1戸につき1票が与えられ、通常決議は過半数の賛成により成立する。管理規約の変更や共用部分の変更・改良など重要事項については4分の3の特別決議による。

管理組合の理事は、年次通常集会で選出され、人数は最大9名である。理事には区分所有者以外の者もなることができる。

(4) 1978年米国統一コンドミニアム法

連邦制のアメリカでは、マンション法は各州で制定されているが、連邦政府はモデル法として統一コンドミニアム法を制定し、改正を加えている。

宣言文書（Declaration）は、コンドミニアムの名称、管理組合名、所在地、権利に関する規定、最大住戸数、専有部分の部屋番号と境界、専用使用部分に関する規定を記載した文書であり、専有部分所有者が作成して、売買契約書、図面、許認可書類などの附随資料と共に自治体に登録してはじめて、内部的（区分所有者間）にも対外的（転売時の譲受人等）にも拘束力が生じる。

コンドミニアムの管理主体は専有部分所有者団体である。この団体はコンドミニアムの分譲前に組織されなければならないので、当初の宣言文書はデベロッパーが作成し、購入者は購入と同時に当然に団体の構成員となる。

理事会（Board of Directors）の理事の過半数は専有部分所有者でなければならないが、専有部分所有者以外の専門家が理事としてかかわることが想定されている。理事長は、理事のなかから互選される。理事会が管理業務を専門業者（Management Company）に委託する場合は、個々の業務の範囲を規約に規定しなければならないので、包括的な管理委託は認められない。

ヨーロッパ諸国のマンション法制

国　名	マンション法の名称	特　徴
イギリス	1993年リースホールド改革・住宅・都市開発法、 2002年コモンホールド・リースホールド改革法	リースホールド・フラットとコモンホールド・フラットの2種類が存在
ドイツ	1951年住居所有権法	議決権は頭数による
フランス	1965年区分所有法	特別決議は総議決権の3分の2かつ区分所有者の過半数

参考文献

鎌野邦樹・藤巻梓・大野武・花房博文・舟橋哲（2010)、『マンションの管理と再生に関する法制度の国際比較研究』、住宅総合研究財団研究論文集 No.37

吉井啓子（2012)、「フランス区分所有法の概要」、土地総合研究所『土地総合研究』2012年冬号

商事法務研究会（2013)、『老朽化した区分所有建物の建替え等に関する諸外国の区分所有法制及びその運用状況等に関する調査研究報告書』、法務省 HP

岡田康夫（2018)、「オーストラリア（ニューサウスウェールズ州）の区分所有管理の現状」、日本マンション学会『マンション学』第61号

10 住まいを改修する

中城康彦

《**目標 & ポイント**》 子どもが大きくなった太郎さんと花子さんは、戸建て住宅に引っ越す計画です。中古住宅を購入してリフォームする予定ですが、どんな点に注意して中古住宅を購入すればよいのでしょうか。どこまでリフォームできるのでしょうか。中古住宅のリフォームを学びましょう。
《**キーワード**》 省エネルギー、耐震性能、採光、専用使用

1. はじめに

新築に比べて使用する森林資源が少ない、資材の運搬や建設現場で発生する二酸化炭素が少ないなど、中古住宅の性能を高めて長期利用することはSDGsの目標に合致する。省エネルギー改修では、使用するエネルギーの低減とつくり出すエネルギーを組み合わせて、消費するエネルギーを実質的にゼロにすることを目指す。耐震性能を向上させる耐震改修とエネルギーを生み出す省エネルギー改修を組み合わせれば、地震から命を守るとともに、災害による停電時でも電気やお湯を使って住み続けることができる。マンションでは改修できる専有部分の範囲や周りへの迷惑防止に注意する。

2. ゼロエネルギー住宅にするには？

ゼロエネルギー住宅は、年間の一次エネルギー消費量[1)]をゼロとすることを目指す住宅（Net Zero Energy House：ZEH）で、建物の断熱性

注1）空調、換気、給湯、照明などで使用するエネルギー。家電などは含まない。

の向上と設備の高効率化によって、大幅な省エネルギーを実現するとともに、再生可能エネルギーを利用して、年間のエネルギー消費をゼロとする。

(1) 断熱性を高める

夏の冷房や冬の暖房を効率的に行って、室内環境を快適に保つために、外気に接する建物部分の断熱性を高め、外気温の変化に影響されにくい住宅とする。外気に接する屋根、外壁、床下についてそれぞれの断熱性を高めるとともに、切れ目や隙間をつくらないように、各部位を連続的に断熱することが重要となる。

中古住宅を改修する場合には、天井裏や床下に入って工事をする、壁の仕上げ材を撤去して工事をするなど、採用可能な断熱材料や施工方法が制約される。工事の方法は、グラスウールや発泡スチロールなどの断熱材を床、壁、天井に敷き詰める方法が基本となるが、発泡性の断熱材を注入する方法を採用すれば、連続的な断熱や人手が届きにくい場所の断熱を効果的に行うことができる。

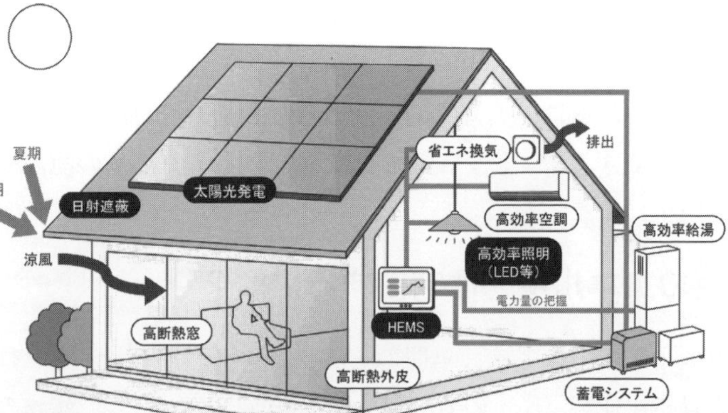

(出典) 経済産業省資源エネルギー庁 HP
https://www.enecho.meti.go.jp/category/saving_and_new/saving/general/housing/index03.html (2021 年 5 月 23 日閲覧)

図 10-1　ゼロエネルギー住宅の概念図

ガラスはもとよりアルミも容易に熱を伝えてしまうため、外壁面についている窓などの建具の断熱性を高めることも重要である。2重ガラスと金属膜を一体化したLow-E複層ガラスにする、樹脂製のサッシュにする、2重窓にするなどの方法で断熱改修する。

(2) 高効率の設備を導入する

ZEHでは建物の高断熱化と合わせて、効率の高い空調設備、換気設備、照明設備、給湯設備を設置する。一般的な住宅より、20%以上の省エネルギーを実現することを目標に、HEMS（Home Energy Management System）を導入して、エネルギー消費の状況を計量し、省エネルギーの状況を確認する。

中古住宅の改修では、省エネルギー対応のエアコン、高効率の給湯システム、消費電力の少ないLED照明などを導入する。

(3) エネルギーを創り出す

ZEHには、太陽光発電などの再生可能エネルギーを利用する仕組みを備える。この仕組みを利用して、実際の生活で消費する電力エネルギーを創り出すことから“創エネ”ということもある。ZEHは“創エネ”でつくり出したエネルギーが、住宅で消費するエネルギーを上回る住宅である。住宅で利用できる再生可能エネルギーは現状では太陽光が一般的で、“創エネ”のために太陽光発電用パネルを設置する。

中古住宅の改修では、太陽光発電用パネルを効果的に配置するために屋根を“創エネ”に適した形状に変更することもある。太陽光発電パネルを屋根に乗せると積載荷重が増えることから、構造安全性の確認も必要となり、必要に応じて耐震改修とあわせてリフォームする。

3. 災害に強い住宅にするには？

地震時の建物には平常時とは異なる横からの力や浮き上がらせる力が突発的に働く。横からの力で建物が変形し、限度を超えると損壊するため、筋かいや金具などで変形を抑える。浮き上がらせる力で柱が基礎からずれると倒壊に直結するため、柱と基礎の結合を強化する。発災後に停電しても生活できるよう、エネルギーを自給する機能を備える。

(1) 地震に強い家にする

①耐震基準

日本は地震が多く、建物の耐震性が重要となる。震災で発生する大規模な被害で、耐震基準の不十分な点が明らかになる側面があり、それを補う形で建築基準が見直されてきた。現在は、1981（昭和56）年改正の耐震基準（新耐震基準）に準拠している。それ以前の耐震基準（旧耐震基準）の建物は、震度6を超えると損壊する可能性が高いと考えられており、耐震診断や耐震補強で住まいの安全を確認し確保することが望ましい。

新耐震基準は、i）建物の供用期間中に数回起こる可能性のある中規模の地震（一般に震度5程度）に対しては多少亀裂が生じても使用上支障をきたさない、ii）建物の供用期間中に一度起こるか起こらないかの大地震（一般に震度6強から震度7程度）に対しては崩壊や転倒を起こさないように設計して人命の安全を確保する。

旧耐震基準の建物はもとより、新耐震基準の建物も、耐震改修することでより大きな地震でも安全な住まいとすることができる。

②耐震性を確保する3つの方法

地震時に建物に働く水平力による変形を抑え、損傷や倒壊を防ぐためには筋かいが有用である（第 7 章(図 7-5))。耐震構造は、筋かいを入れた耐力壁を適切な位置に配置して、建物の変形を抑える。地震の力が建物に伝わるため、建物の揺れは地震の大きさに応じたものとなる。

免震構造は、建物に伝わる地震力を抑制して建物の破壊を防ぐ。水平方向に変形可能な免震装置を設置し、建物が地盤の動きに追随しないようにする。免震装置には、金属板とゴムを交互に重ねた積層ゴムやスライドレールで滑らかに動くものがある。免震構造は、地震動による損傷が少なく、繰り返し地震が起きても同じ性能を発揮することが期待できる。

制震構造は、建物に伝わった地震力を、建物に組み込んだエネルギー吸収機構（制震装置）で減衰させて振動を低減させる。元来は、風等による振動全般を制御する方法をさす（制振）が、地震動の制御が大切な日本では、「制震」と表記することも多い。大規模な建築物に利用されてきたが、近年は住宅用のコンパクトな部材が開発されている。

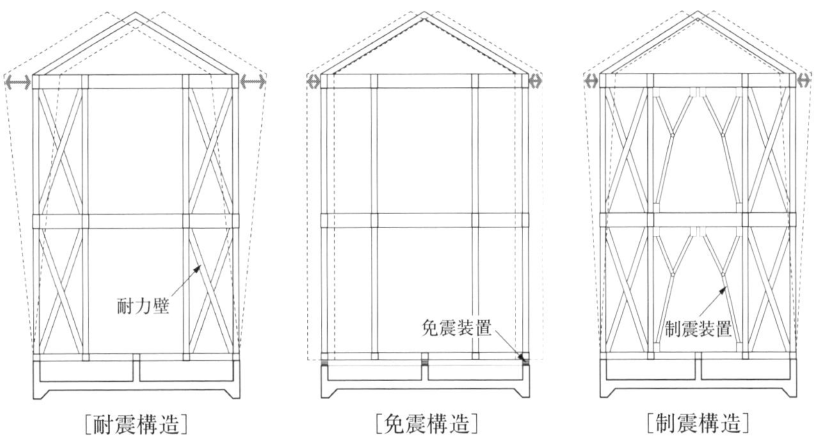

（出典）全国宅地建物取引業協会連合会「リアルパートナー 2011 年 10 月号」

図 10-2　耐震性を高める

③耐震改修の考え方と方法

耐震改修では、横揺れによる建物の変形を抑える、浮き上がる力を抑える、建物を軽くするなどの方法を用いる。これらの方法を組み合わせるほか、劣化した部材の取替えや補強をする。

横揺れに対する変形は筋かいを増設することが基本となるが、合板を柱、梁や土台に打ち付けて耐力壁にする方法（図10-3)、制震構造の考え方を採用して制震装置を付設する方法や耐震フレームで補強する方法も用いられる。建物を土台の部分でいったんカットしてジャッキアップし、免震装置を付設して免震構造にすることもある。

地震時に揺れる過程で、建物に浮き上がる力が働く。建物が浮き上がると倒壊や転倒に直結し、被害が甚大となりやすいことから、浮き上がり防止の改修をする。浮き上がる力に対しては、基礎と土台、土台と柱を緊結する。緊結には金具を使う（図10-4)。

横揺れや浮き上がる動きにより、平時は密着している結合部が変形して緩み、振動が大きい場合は結合が外れてしまう。これを防ぐために、部材間を金具でつないで緊結する。金具は使用する位置によって多くの

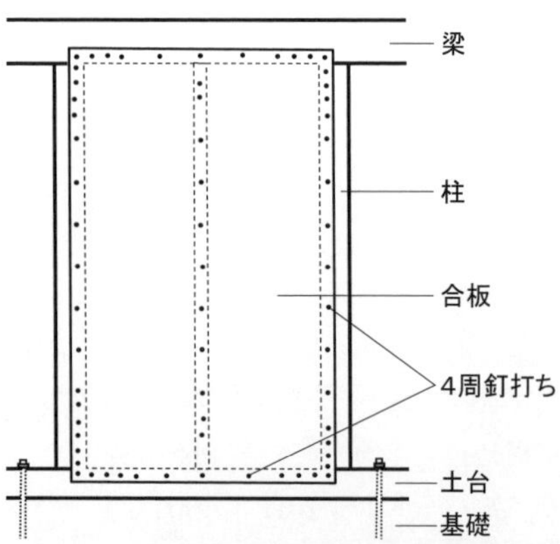

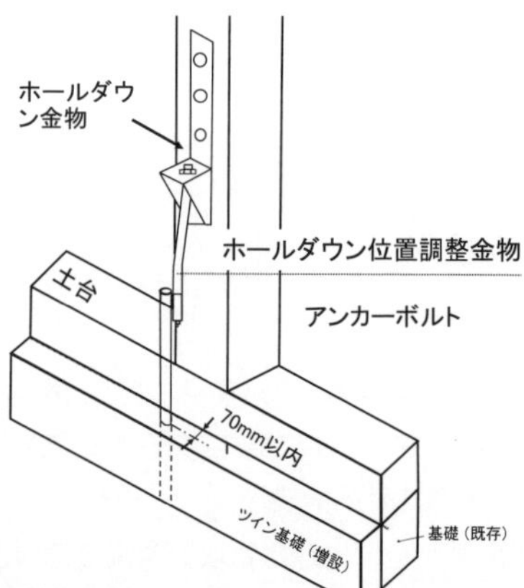

（出典）両図とも既存木造住宅の耐震改修工事・施工マニュアルに筆者加筆（平成21年版－第2刷）横浜市建築局指導部建築企画課

図10-3　合板を使った耐力壁　　図10-4　浮き上がりを防ぐ

種類がある（第7章(図7-7))。

建物を軽くして耐震性を向上させる例として、瓦の屋根を金属製の屋根に変える、上階の床を撤去して面積を減少させる方法がある。

地盤面に近い土台は、湿った状態になることが多く劣化が早い。また、基礎はコンクリートの中性化や鉄筋の腐食により、耐力が不足する状態になることがある。中古住宅の基礎をカーボン繊維等で補強する、外側に増設する、土台を取替えるなどの方法で基礎と土台の耐震性を向上させる。

(2) エネルギーを自給する

災害時に建物の安全を確保しても、停電になると生活を続けることが困難になる。発災で停電になっても継続して住み続けられるよう、エネルギーを自給できる住まいに改修する。太陽光のエネルギーを利用するシステムと蓄電機能を組み合わせて停電時でも主要な部屋で電源を確保するとともに、給湯機能を組み合わせてお湯を使えるようにする。また、電気自動車の充電機能を一体化して住宅用に利用し、併せて移動手段として利用する。

省エネルギー改修と耐震改修をあわせることで、災害時にも継続居住できる住宅にすることができる。

4. マンションの住戸をつなげてもよい？

マンションの隣の住戸を購入し、所有している住戸との間にドアを設けて通行できるようにすれば、適度な一体性と独立性をもった2世帯住宅として利用できる。しかし、マンションの戸境壁は区分所有者全員で共有する共用部分であり、耐震性能を確保するための耐力壁の可能性もあるため、ドアを設ける等の変更をする場合は管理規約に従って、必要な手続きにより決議を得る必要がある。

(1) マンションの専有部分をリフォームする

①共同生活に配慮する

間取りや設備を変更する工事は、他の居住者の生活に影響を与える。影響を抑制して他の居住者の生活を守るために、専有部分のリフォームの内容、仕様や手続きを定めていることが多い。

内容には、どんなリフォームが可能か定める。仕様には、フローリングの騒音問題を避ける観点から衝撃音の遮音等級のＬ値を定め、採用可能なフローリングの材質などを定める。

手続きには、特に影響が大きい近隣住戸の承諾を得る、法律やルールを逸脱した工事を予防するために、管理組合に工事内容を示す図面を届け出て理事会の承認や許可を受けるなどを定める。

工事時間、工事関係者の休憩場所を決める、工事車両の駐車スペースを確保する、共用部分を養生するなど、工事中のルールも遵守する。

②建築構造に配慮する

建物を支える柱、梁や床は共用部分である。ラーメン構造の戸境壁は、耐震性を確保する耐力壁になっている場合もある。戸境壁にドアを設けることは、共用部分を変更する点と建築物の構造安全性について、事前に確認や手続きを済ませる必要がある。また、一般に鉄筋コンクリート造で造られている戸境壁をカットする工事は騒音や振動が大きいことから、上記①に特に注意する。上下の住戸をつなぐ場合も同様である。

壁式構造の場合は、耐力壁が住戸内に配置されることも多く、戸境壁と同様の注意が必要である。

専有部分の内装を撤去する際や新設する際には、共用部分である戸境壁や床スラブを傷つけないようにする。

③建築設備を更新[2]する

システムキッチンや浴槽など、専有部分内の設備機器の改修は、一般的な留意点を守って行うことができる。機器につながる設備配管や配線は、専有部分内は更新できるが、パイプスペース内の配管や配線は共用部分であり、区分所有者が勝手に変更できない。更新に際しては接合部分の工事方法について事前に確認する必要がある。

空調機の屋外機を、外壁や上階ベランダのスラブから吊り下げて固定する場合は、共用部分である躯体にボルトを挿入する行為をともなう。工事の可否や方法の取り決めについて、管理規約等で確認する。

④居室の採光を確保する

住宅の居室には、床面積の7分の1以上の採光に有効な開口部を設けなければならない（建築基準法28条）。この場合の居室は、居住、執務、作業その他これらに類する目的のために継続的に使用する室をいい、住宅ではリビング、ダイニング、寝室などが該当する。子ども室、客間、書斎など、部屋の名称にかかわらず、常時生活する部屋であれば居室に該当し、トイレ、浴室、洗面所、独立した室に納まっているキッチンなどは該当しない。一般的な3LDKでは3部屋とリビングダイニングの合計4室に採光が必要となる。

採光は「明かり」が取れることで、「日照」、つまり「太陽が当たる」ことではない。採光に有効な開口部は向きとは関係なく、中庭に面していてもかまわない。不動産広告では、「居室」の条件を満たさない無採光の部屋は、居室と誤認されないように表示することになっている。

3LDKの採光の方法は3タイプに整理できる。4部屋とも窓が取れる位置にあるタイプ1が一般的である。タイプ2はリビングダイニングの快適性を重視するもので、近年増加している。このタイプは部屋3に2室採光の規定[3]を利用しており、リビングダイニングとの間仕切はふす

注2）古くなったものを同等の性能をもつ新しいものと取り換える。
注3）2室が解放可能な建具で仕切られている等の場合は、建具を開放した状態を想定し、二つの部屋を一つの部屋とみなして採光の規定を適用する。

ま、障子その他随時開放できる建具にすることが基本である。タイプ3は南面2室タイプで、リビングダイニングを2室採光に合致させる必要がある。3タイプの中では「古いタイプ」の間取りである。

家族以外の複数が居住するシェアハウスでは個室の独立性が求められる。個室の独立性のために、タイプ2の和室とリビングダイニングの間仕

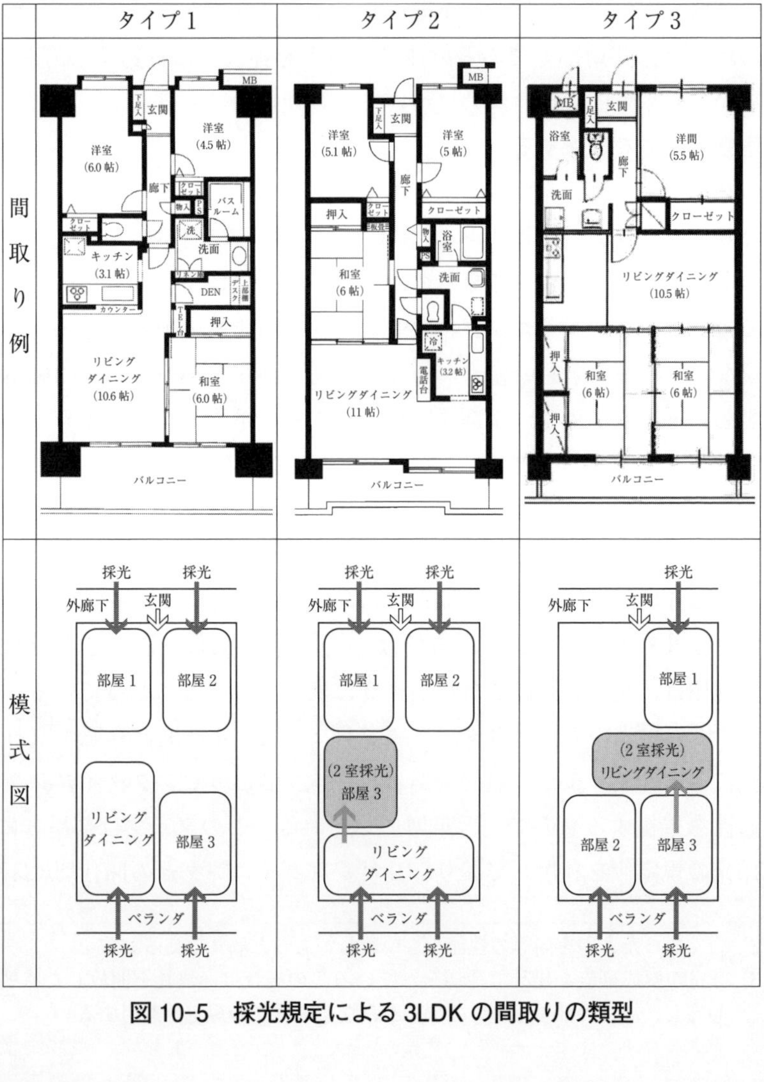

図 10-5　採光規定による 3LDK の間取りの類型

切を固定の壁にすると和室は採光が確保できず、個室としての利用は不適切となる。在宅勤務のために書斎をつくる場合も同様の課題がある。

(2) マンションの専用使用部分

「買ったマンションだから自由に使いたい、バルコニーを囲って部屋として使う」ことができるのだろうか。バルコニーは法律によって共用部分と定められており[4)]、区分所有者が所有する専有部分ではない。一方、バルコニーに直結する専有部分の区分有者の専用使用を認めることが通常で、バルコニーは区分所有者に認められた専用部分となる[5)]。

共用部分は、その用法に従って使用することができる（区分所有法13条）が、バルコニーを部屋にすることは通常の用法とはいえない。区分所有者が勝手にリフォームできず、非常時の避難経路として使用するバルコニーに棚を置いて通行できなくすることも不適切である。

専用使用権の内容は規約で規定する。防犯目的であっても専用使用している玄関ドアを、勝手に2重ロックにすることはできない。窓ガラスも同様に共用部分を専用使用しており、窓枠、ガラスともに勝手に変更する等はできない。一方、これらの部分を不注意で破損した場合には、区分所有者の責任で復旧する。

表 10-1　標準管理規約における専用使用権の設定例

専用使用部分	位置	専用使用権者
バルコニー	各住戸に接するバルコニー	当該専有部分の区分所有者
玄関扉・窓枠・窓ガラス	各住戸で利用する玄関扉、窓枠、窓ガラス	当該専有部分の区分所有者

注4）専有部分以外の建物の部分、専有部分に属しない建物の附属物等を共用部分という（建物の区分所有に関する法律1条）。

注5）専有部分と専用部分は異なる概念である。専有は所有していることを示し、専用は利用することを示す。専有部分は利用することもできることから専用部分の一部を構成する（専用部分＝専有部分＋専用使用部分）。一方、専用使用部分を専有部分ということはできない。

窓枠、窓ガラス、玄関扉、その他の開口部を改修し、防犯、防音、断熱などの性能を向上させる場合は、他の共用部分と同様、管理組合が計画修繕として取り組む。

5. まとめ

古くなって劣化した部材や設備を取り換えて新しくすることを更新ということに対し、改修では新築当初を上回る性能を中古住宅に付加する。省エネルギー改修や耐震改修がその典型で、改修によって住宅を安全かつ快適に長期利用することができる。

マンションでは専有部分の範囲や専用使用の内容など、ルールや手続きを踏まえて改修する。

学習課題

1. 中古住宅を購入し、省エネルギー改修と耐震改修をして快適に過ごしたいと考えている。中古住宅を選ぶ際、どのような点に注意すればよいか考えよう。
2. 在宅勤務が増えたため、マンションの住戸をリフォームして書斎をつくろうと考えている。どのような点に注意すればよいか考えよう。

参考文献

1. 佐川旭・林直樹『最高の住まいをつくる「リフォーム」の教科書』PHP 研究所 2014 年
2. 野城智也・馬郡文平・我孫子義彦『建築の快適性診断』市ヶ谷出版社　2016 年
3. 鎌田紀彦『燃費半分で暮らす家』市ヶ谷出版社　2017 年
4. 松村修一『建築再生学』市ヶ谷出版社　2016 年

コラム

リフォーム・リニューアル工事の市場と担い手　藤原　徹

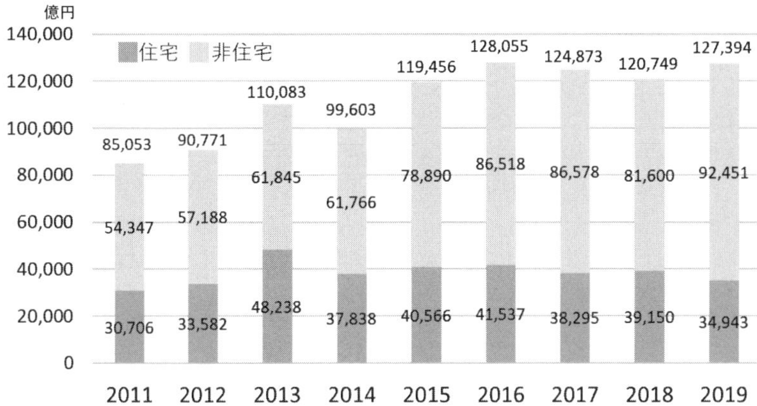

（出典）国土交通省 Web サイト　建築物リフォーム・リニューアル調査
https://www.mlit.go.jp/sogoseisaku/jouhouka/sosei_jouhouka_mn4_000002.html
（2021 年 9 月 14 日閲覧）

図　リフォーム・リニューアル工事受注高の推移

国土交通省は、建築物のリフォーム・リニューアル工事について、建設業許可業者 5,000 社に対し調査を実施している。図は、その調査結果のうち、工事の受注高の推移を表している（ここには、改装・改修工事も含まれている）。直近 5 年間でみると、住宅のリフォーム、リニューアルについては、年間 3 兆円から 4 兆円の規模で推移している。非住宅系も含めた受注高は、12 兆円から 13 兆円となっている。

2019 年における住宅の受注高で最も大きなシェアを占めるのは、建築工事業（62.0％）であり、次いで職別工事業（大工工事業、塗装工事業、内装工事業など、26.3％）、管工事業（6.1％）となっている。

われわれがリフォームを発注するときの窓口になる業者としては、工務店、住宅設備機器・建材メーカー、専門工事業者、リフォーム専門業者、ハウスメーカー、ゼネコン・デベロッパー、ホームセンター、家電量販店等があげられる。多様な担い手が存在し、それぞれ得意とする分野が異なるので、工事内容に合わせて発注元を検討することが重要となる。

コラム

リフォームとリノベーション　周藤利一

(1) リフォームとリノベーション

国土交通省の定義によれば、リフォームとは「新築時の目論見に近づくように復元すること（修繕）」であり、リノベーションとは「新築時の目論見とは違う次元に改修すること（改修）」であるとされる。

実際に両者の区別は難しい場合もあるが、住宅の性能・機能に着目して、新築当時の水準にまで回復させることをリフォーム、新築当時の水準を超えるように改修することをリノベーションと呼ぶ見方もある。例えば、畳をフローリングに変更しただけではリフォームであるが、床暖房システムの導入と合わせてフローリングに変更すればリノベーションになる。

(2) リフォームのトラブル類型

独立行政法人国民生活センターに寄せられたリフォーム（リノベーションを含む）の相談件数は年々増加している[i]。

その内容をみると、トラブルの類型の第１は訪問販売であり、「契約をせかされて不要なリフォーム工事をした」というケースが典型である。

第２の類型は、点検に来たと言って来訪し、「工事をしないと危険」などと言って商品やサービスを契約させる「点検商法」である。

(3) リフォーム工事の契約

上記いずれの類型においても、①契約書を取り交わしていない、②曖昧な内容による契約、③契約内容の安易な変更といった事情によるトラブルが発生している。

一般社団法人住宅リフォーム推進協議会は、リフォーム工事内容、変更内容を明確化し、消費者、事業者とも安心してリフォーム工事が行われることを目指して、住宅リフォーム工事用の標準的な契約関係書式を作成して普及を図っている[ii]。

(4) リフォームかし保険

この保険の仕組みは、保険法人に登録した事業者が施工したリフォームに瑕疵が見つかった場合の補修費用をまかなうことを目的とする。

保険対象は、リフォーム工事を実施した全ての部分であり、保険期間は構造耐力上主要な部分・雨水の浸入を防止する部分は５年間、その他の部分は１年間である。

(5) リフォーム融資

住宅金融支援機構は、次のリフォーム工事に対し、優遇金利による融資を行っている（融資の対象や基準は変更されることがある)。

ア．政策誘導型リフォーム：バリアフリー、省エネ、住宅の長寿命化などのためのリフォーム

イ．耐震改修工事を含むリフォーム

また、満60歳以上の者が部分的バリアフリー工事又は耐震改修工事を含むリフォームを行う場合、毎月の返済を利息のみとし、借入金の元金は本人の死亡後に、相続人から返済する「高齢者向け返済特例」もある。

(6) リフォーム減税

バリアフリー改修、省エネ改修、多世帯同居改修を含むリフォーム工事をした場合、住宅借入金等特別控除（住宅ローン減税）を受けることができる（減税の要件や減税額は変更されることがある)。

(7) リノベーション住宅のポイント

① 買取リノベ再販

不動産業者（宅地建物取引業法による免許を受けた業者）が既存住宅を買い取って、個人に再販する場合、従前は、表面的なリフォームだけを行い、販売するケースが多かったが、近年、性能・機能の向上のためのリノベーションを施した上で販売する、いわゆる「買取リノベ再販」と呼ばれるビジネスが増えている。

② 既存住宅の性能表示制度

この制度は、構造の安定、火災時の安全、劣化の軽減、維持管理更新への配慮、温熱環境、空気・環境、光・視環境、高齢者等への配慮、防犯の9分野について現況検査を実施して、評価した結果を表示する。

既存住宅の売買時に、この評価書の内容を契約内容とする旨の合意があれば、売主が買主に対して検査時の状態で引き渡すことを約束したものとみなされるので、リノベーション住宅の購入にこの制度を活用することにより、買主としては、第三者が検査したという信頼感をもって契約することができる。

③ 既存住宅売買かし保険

この保険の仕組みは、売買の対象となる既存住宅の検査を保険法人又は指定された検査機関が行い、売買後に隠れた瑕疵が発見された場合、保険金が支払われるものである（個人間売買の場合の保険商品もある)。

売主が業者の場合、保険対象は構造耐力上主要な部分、雨水の浸入を防止する部分などで、保険期間は5年間又は2年間であり、その間に保険対象部分に

瑕疵が見つかったときは、その補修費用をまかなうことができる。

（注）

i）http://www.kokusen.go.jp/soudan_topics/data/reformtenken.html（2021年5月30日閲覧）

ii）http://www.j-reform.com/publish/shosiki.html（2021年5月30日閲覧）

参考文献

住宅リフォーム推進協議会（各年度版）、『住宅リフォームガイドブック』

マンションリフォーム推進協議会、『リフォーム実例集』、同協議会 HP

森一彦・加藤悠介・松原茂樹・山田あすか・松田雄二『福祉転用による建築・地域のリノベーション』、学芸出版社　2018年

11 高齢期を過ごす

齊藤広子・周藤利一

《**目標 & ポイント**》 子どもも独立し、夫婦二人になった太郎さんと花子さん。自分たちの老後もですが、親の介護もあり、高齢期の住まいについて考えるようになりました。バリアフリーにするための費用をどうすればよいのでしょうか。高齢期に暮らす場の選択と資産を活用した暮らし方を学びましょう。
《**キーワード**》 リバースモーゲージ、サービス付き高齢者向け住宅、リタイヤメントコミュニティ、リースバック

1. はじめに

日本では、全人口に対する65歳以上の高齢者人口の割合は28.7％（2020年9月現在）となり世界で最も高い割合となっており、2040年には35.3％になると予想されている[1)]。また、平均寿命（2020年）は女性が87.74歳、男性が81.64歳であり、多くの国民は長生きをし、長い高齢期を過ごすことになる。個人及び社会全体で高齢者を支える負担は益々大きくなるため、高齢者が自立した暮らし、さらに高齢者の自立を促し、自身の資産を活用した、高齢期の暮らしを実現する体制を構築することも必要である。高齢期に安心して暮らすためには、住まいの物理的な条件だけではなく、住まいの権利や経済面も重要になる。高齢期に安心して暮らすため、そして誰もが超高齢社会で安心して暮らすための基礎的な知識を学ぼう。

注1） 総務省統計局。https://www.stat.go.jp/data/topics/pdf/topics126.ppf.（2021年4月27日閲覧）

2. 高齢期のリフォームの費用はどうすればよい？

(1) リバースモーゲージ

高齢期に、住まいの段差をなくすなどをしてバリアフリーにして暮らすためにリフォームをしたいが、その費用がない場合にはどうすればよいのか。家を売って費用を用立てても住むところがなくなり困るし、だからといって高齢者にはリフォーム費用のために融資を受けることはなかなか難しい。そこで、こうした費用を用意する方法として、リバースモーゲージ（reverse mortgage）がある。高齢者が住宅を担保にし、必要な費用を借り、その費用を死亡時に住宅を売却して返却する方法である。リバースモーゲージにより得た費用を、リフォーム工事以外の生活費にあてることもできる。しかし、現在、日本ではまだリバースモーゲージの普及は少なく、対象となる住宅や、リバースモーゲージにより得た費用の使途も限定的である場合がある。また、相続人の意向から利用の合意が得られない等の課題がある。

日本では、リバースモーゲージとして、武蔵野市をはじめ、自治体が直接個人に融資をする方法がとられてきたが、「持ち家優遇」「不公平性」

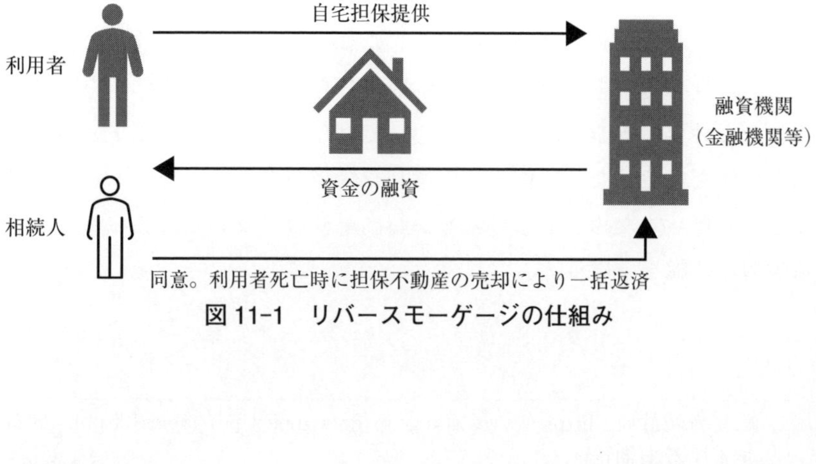

図 11-1　リバースモーゲージの仕組み

等が問われ、実際に行政の作業量も多く、経営が困難であることから、自治体の制度は実質的に、国の不動産担保型生活資金融資（マンション利用不可）、要保護世帯向け不動産担保型生活資金融資（マンション利用可）に移行している。しかし、不動産担保型生活資金融資制度は年収制限があり、すべての国民が対象とはならず、マンションや借地は対象外となり、連帯保証人が必要でかつ相続人の同意が必要である。また、要保護世帯向け不動産担保型生活資金融資は、この制度を利用しなければ生活保護の受給の対象となると、福祉事務所が認めた場合が要件なので、さらに限定的である。よって、リバースモーゲージの利用は多くはない。

金融機関によるものとして、住宅金融支援機構による高齢者向け返済特例のリフォーム融資制度、マンションの建替え等のまちづくり融資制度やマンションの共用部分リフォーム融資制度[2)]、民間金融機関やハウ

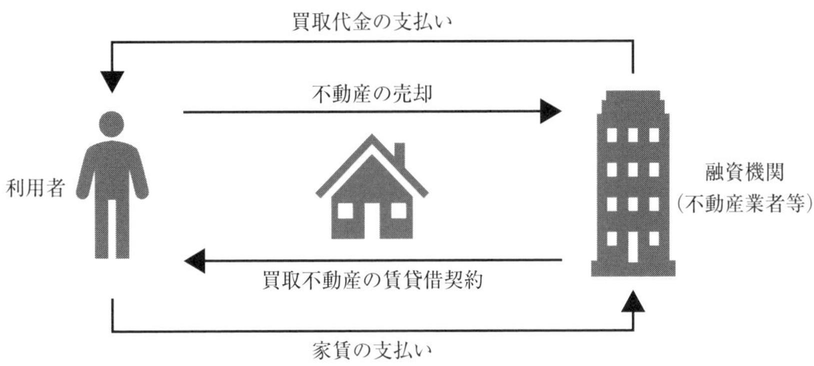

図 11-2　リースバックの仕組み

注 2）高齢者（借入申込時満 60 歳以上）が自ら居住するためにマンション建替え事業などによる住宅の建設または購入をする場合、あるいはマンションの管理組合が共用部分のリフォーム工事を行う際に一時金を徴収する場合、その一時金の借り入れを希望する区分所有者または将来の修繕積立金を一括払いするために一時金を必要とする高齢の区分所有者が利用できる制度で、利息のみ返済し、死亡時に相続人が融資住宅及び敷地の売却などの方法で一括して返済する。

スメーカーによる独自の取り組み[3]がある。

(2) リースバック

高齢者が住み慣れた住まいに住み続け、かつリフォームの資金などを得る方法としてリースバック方式もある。この方法は、いったん住まいを売却するが、売却した住まいを借りて住むことになる。ゆえに、住みなれた住まいに住み続けることができること、売却したことで一時に収入を得ること、相続前に不動産処分ができることなどがある。しかし、家賃を支払う必要があり、長期の場合には、売却費を上回る賃料総額となる可能性があるなどの課題がある。

(3) 海外のリバースモーゲージの仕組み

フランスでは、古くから「高齢者付き住宅（ヴィアジェ Viager）」[4]

表 11-1　リバースモーゲージとリースバックの相違

	リバースモーゲージ	リースバック
不動産活用の仕組み	住まいを担保に融資を受け、死亡後に住まいを売却し、融資を一括返済する	住まいを売却し、買い取った事業者から住まいを借りて居住する
事業者	銀行、住宅金融支援機構	不動産業者等
住まいの所有者	居住者自身（所有権をもち住み続ける）	不動産業者等（居住者は借家権で住み続ける）
保有の税	支払う必要がある	支払う必要はない
利用対象者	55 歳以上など制限有	制限無
費用の使途	住まいに関することに限定される場合がある	限定無
対象不動産	戸建て住宅、 マンションは主に対象外	制限無

注 3）参考文献 4 参照。

注 4）高齢者が用益権（usufruit、死亡するまで居住することができる権利）を留保して、所有する不動産を売却し、その代金の一部を終身定期金として受け取る（金融法務研究会「銀行取引と相続・資産承継を巡る諸問題」107 頁、2016 年 3 月）。

（高齢者は自宅を売却するが、亡くなるまで居住できる）として普及しており、その他、アメリカのリバースモーゲージ（HECM：Home Equity Conversion Mortgage）[5]、イギリスでは住宅資産流動化融資（エクエティリリース Equity Release）等がある。これらの制度が成り立つ背景の１つには、住宅が適正に資産として評価されていることがある。日本では住宅の評価が低いために、リバースモーゲージにマンションが対象とならないケースが少なくない。国民が高齢期に安心して暮らせるために、土地だけでなく、住宅の資産価値を正しく評価される体制が必要である。リバースモーゲージの活用は、今後、相続しても利用されない空き家の予防、自己負担金が必要なマンションの建替え等の推進にも寄与するものと考えられる。

3. 高齢期の住まいは老人ホームだけ？

(1) 高齢期の住まい・施設

高齢期に暮らす場として老人ホームがあるが、それ以外にも高齢者用の住まいや施設がある。多くの人は、高齢期も自宅で過ごすことを望んでいる。自宅にいながら高齢者用サービスや介護サービス等を受けることも可能であるが、サービスや介護が必要となった際等に、有料老人ホーム以外にも高齢者向けの住宅や施設がある。

高齢期に借家を借りて居住するのか、持家として購入するのか、亡くなるまで利用できる権利を購入するのかといった、利用の権利として賃借権、所有権、終身利用権がある。賃借権ではサービス付き高齢者向け住宅等、所有権型では高齢者用区分所有型マンション（シニア向け分譲マンション）等、終身利用権型では老人ホーム等がある。それぞれの住宅や施設は、利用の権利が異なるだけではなく、入居条件が異なり、提

注 5）政府の連邦住宅局がリバースモーゲージに保険をつけている商品である。保険はリバースモーゲージにある、金融機関にとっての 1）融資期間延長リスク、2）不動産価格下落リスク、3）金利上昇リスクによる損失を補填するものである。また、利用者からみれば、金融機関の倒産によるリスクを補填するものにもなる。

供されるサービスや居室をはじめとした住宅・施設の状態、対価が異なる。よって、高齢期の住まいとして、介護、医療、認知症などへの対応の必要性を考慮し、どこに暮らすのかを総合的に判断をする必要がある。

高齢期を過ごす場所として、有料老人ホーム、サービス付き高齢者向け住宅、高齢者用区分所有型マンションについてみてみよう。

①有料老人ホーム

有料老人ホームとは、食事、介護の提供や家事、健康管理など生活全般のサービスを提供する高齢者用の住まいで、介護サービスや生活支援サービス等の提供の違いにより、介護付（一般型、外部サービス利用型)、住宅型、健康型の3種類がある。老人福祉法に基づき設置され、自立から介護が必要な状態までの居住が可能なものがある。

居室は自立者向けは約30m^2、要介護者向けは18～20m^{2}で台所や浴室はついていないことが多い[6)]。入居者は60歳以上や65歳以上の条件が多く、夫婦の入居も可能である。

入居の権利は、利用権であることが多い。この利用権は終身利用権で入居者限りの権利で、譲渡や売却、相続はできない。しかし、持家のように固定資産税はかからない。利用者は入居時に一時金として支払うことが多い。そこで、課題としては、入居一時金の返却、特に入居期間が短い場合の入居一時金の返却をめぐるトラブルが多い。これらの問題については、介護保険法や老人福祉法及び施行規則の改正により、権利金等の受領禁止、前払い金の算定根拠の明示と保全措置、短期間で契約解除等をした場合の前払い金の返還ルール、及び前払い金の取り扱いを明示した契約の締結が規定されている。90日以内の退去者への日割り計算による入居一時金の返還を必要としているが、初期償却が禁止されていないため、未だに問題がある。入居初期の解約について、その予防に

注6）参考文献2。

体験入居が奨励されているが、完全なクーリングオフ制度がない[7)]。居住者の権利として、居住者の意向の反映の運営懇談会の設置が奨励されているが、実態としてない場合も存在する。また、介護保険制度改正において、入居者保護の観点から、老人福祉法を改正し、事業停止命令の創設、前払金保全措置の義務の対象拡大等を行っている（2018年）。契約内容に関しても指針を示すにとどまっているのが現状である。

また、有料老人ホームでは、事業者の経営の安定性がなく、退去を強いられたケースがある。そこで、生活者を守るために、事業者の経営の健全性を示す方法として、有料老人ホームの設置運営標準指導指針で、自治体に対して、事業者に運営に関する多くの情報開示を促し、重要事項説明書の交付・説明、財務諸表及び事業収支計画書の開示などの指導を求めている。生活者に情報開示を求められれば、事業者は情報を交付あるいは閲覧させることになり、立入調査、指導、事業停止命令を可能としている。

②サービス付き高齢者向け住宅

サービス付き高齢者向け住宅では、老人ホームに比較し、サービスが必ずしも一元的総合的に提供されるわけではない。本住宅は高齢者住まい法（高齢者の居住の安定確保に関する法律）に基づくものである。

居室は、床面積が原則25m^2以上、便所・洗面設備等の設置、バリアフリーであることが求められる。サービスの要件は、少なくとも状況把握（安否確認）と生活相談のサービスを提供することである。入居者は60歳以上、または要介護・要支援認定を受けている人である。入居の権利は、老人ホームでのトラブルの多さを考慮し、高齢者の居住の安定が図られた契約とするため賃借権を基本とし、契約には前払い家賃等の返還ルール及び保全措置を講じなければならない。また、事業者の義務として、入居契約にかかわる措置（提供するサービス等の登録事項の情

注7）入居後90日以内に退去する契約解除の場合には、クーリングオフは可能であるが、必ず入居一時金等の全額が返却されるわけではない。

報開示、入居者に対する契約前の説明)、誇大広告の禁止が求められ、住宅管理やサービスに関する行政の指導監督（報告徴収・立入検査・指示等）がある。

課題としては、立地の適正化及び、特定の介護事業所利用の強要や、過剰な介護サービスの提供、より適切な介護や医療サービスの提供の必要性などが指摘されている。

③高齢者用区分所有型マンション

高齢者用区分所有型マンション（以下高齢者用マンション）は全国で約 50 か所で、多くはない[8]。自立から介護が必要な状態まで住み続けられるものもある。入居者の年齢制限がある場合とない場合がある。入居者自身が区分所有者である事例が多い。一般のマンションと比べると高齢者対応住戸プランで、高齢者居住が前提となっていて、高齢者向けサービスが提供される。サービス付き高齢者向け住宅と比べると、高齢者向けサービスを居住者（法的には区分所有者）が主体的に運営、マンションの維持管理・資産管理を区分所有者が運営、利用の権利は不動産の購入（区分所有権）で資産性がある（相続・売買・賃貸が可能）という違いがある。しかし、行政への届け出や登録制度がなく、行政が関与できる体制がない。

多くの高齢者用マンションでは、食堂・レストラン、共同の大浴場、シアター・カラオケ室などの共用施設があり、すべての高齢者用マンションで、安否の確認と生活相談のサービスが提供され、そのほか、食事と風呂の提供、洗濯や掃除等の生活支援、介護（取次）サービス、医療（取次）サービス、レクレーション・住民交流行事などのサービス等が提供され、マンションによりサービスの質が異なる。居室の広さや間取りは多様である。

課題としては、月々の管理費及びサービス提供に対する支払う費用

注 8）参考文献 1 参照。

が、平均で約6万円（2013年現在）と、通常のマンションに比べて、1戸当たりの費用負担は5～6倍になっている。そのため、全体的に管理費・運営費の削減のために当初設定されたサービスは低下傾向にあり、年数がたつほど必要な費用は増加するなど、課題となっている。また、必ずしも重度の介護が必要な状態で住み続けられるわけではなく、中古住宅として流通することが円滑にいっていない、高齢者による管理組合

表11-2　有料老人ホーム、サービス付き高齢者向け住宅、高齢者用区分所有型マンションの相違

	有料老人ホーム	サービス付き高齢者向け住宅	高齢者用区分所有型マンション
目的	高齢者のための住居（施設）	高齢者のための住居（住宅）	高齢者のための住居（住宅）
対象者	老人（60歳あるいは65歳以上）、自立から要介護	60歳以上の高齢者または要介護・要支援認定者及びその同居者	年齢制限は多様。自立から要介護。重度の介護や医療は不可
利用の権利	主として利用権	賃借権（借家権）	区分所有権（不動産購入）
利用料の支払い	入居一時金、月々の利用料 介護保険の利用可（健康型では不可）	月々の支払い、または前払い、敷金・家賃・サービスの対価。サービスに対して介護保険利用可の場合あり	区分所有権購入のための資金、月々の費用（管理費、修繕積立金、サービス費用等）
主な設置主体	営利法人	営利法人・社会福祉法人・医療法人等	営利法人➡完成後は管理組合で運営
根拠法	老人福祉法29条	高齢者住まい法3章（5～43条）	なし。 管理は区分所有法
行政関与	届出	登録	なし
サービスの契約形態	居室と食事と、身のまわりの世話、介護が一体提供される混合契約	状況把握サービスと、生活相談サービスは必須。世話のサービスは別契約	サービスの有無は管理組合で決定、実質混合契約となっている場合もある
利用の権利譲渡など	譲渡・転貸・相続は不可	譲渡、転貸、相続は不可	譲渡、転貸、相続は可能

注　サービス付き高齢者向け住宅には、登録された有料老人ホームと賃貸住宅の2種類があるが、この表では賃貸住宅の場合を説明している。

の運営が困難等がある。

生活者は、それぞれの住宅・施設のメリット・デメリットを考慮し、高齢期に住まう場を選択することが必要である。

④その他の高齢者用住まい

高齢者だけではないが、障害者、低額所有者、子育て世帯等も含め、空き家等を活用し一定の質が確保された低廉な家賃の賃貸住宅が住宅確保要配慮者に対する賃貸住宅の供給の促進に関する法律（住宅セーフティネット法）に基づいて提供されている。対象となる住宅は、耐震性があること、また、居室面積（25m^2以上）や台所、食事室、便所、浴室、洗面所等の整備基準がある。

(2) 住み続ける仕組み

日本では親族の同居や近居、そして介護保険を使って在宅で住み続ける方法がとられてきたが、スペインやフランスなどでみられる、異世代ホームシェアの取り組みや、フランスでみられる受け入れ家庭制度など、家族にたよらない、行政や市場のサービス以外の第三の主体がサポートする暮らし方がある。

さらに、住み続ける仕組みとしてアメリカのCCRC（Continuing Care Retirement Community）がある。CCRCでは、介護ケアや日常生活補助を必要とせず、自立した生活を行うインデペンデント・リビング（Independent Living：IL）の状態から居住し、医療や介護ケアが必要になった場合にも居住し続けられる、または、併設・近隣に設置された施設に移動することで居住し続けられる。具体的には、日常生活動作（ADL）の支援が提供される施設としてアシステッド・リビング（Assisted Living：AL）、高度の医療・介護ケアが必要な場合のナーシング・ホーム等のナーシング施設（Skilled Nursing Facility：SNFあるいはNursing Home：NH)、そして認知症ケアユニット（Memory Care：MCあるいはMemory Support：MS）等が併設されることになる。

CCRCは、高齢者のためのコミュニティで、60歳以上で入居が可能であり、自立から要介護・医療段階での継続居住を可能とし、入居の権利は、利用権、賃借権、区分所有権（不動産購入）の場合がある。非営利法人でも営利法人でも経営はできるが、非営利法人が多い。多くは州法に基づき、許可・届出制となっている。また、消費者の権利の保護のために、行政は事業者に法で、経営の安定の視点からは、①事業計画・財政状況などの経営性を判断して許可、②経営面にわたる情報の積極強制開示、③監査報告と立ち入り検査、④流動資産の保持、居住者の権利の保障の視点からは、⑤90日間のキャンセル期間の設定、⑥契約内容の明確化、⑦居住者の意見を運営に反映する体制を課している。このように、行政は事業計画の立案やその後の運営にも関与し、情報開示の推進により市場を整備している。また、事業者自身も常に経営状態の改善に努め、居住者の意向が反映できる体制を実質的に組織化し、入居率を高める努力をしている。

4.　認知症の母が勝手に家を売却したのは有効？

(1)　契約の有効性

認知症によって判断能力が衰えた人が結んだ契約だからといって、直ちに無効とされるわけではなく、また、本人や家族が取り消すことはできない（成年後見人等がいる場合は別)。しかし、有効な契約を結ぶためには、その時点において一定の判断能力（意思能力）を本人が有していることが必要となる。本人に、この意思能力がなかった場合、契約は無効とされる。同一人であっても、心身の状況により、意思能力があると認められる場合と否認される場合がある。

意思能力とは、自分が結ぼうとしている契約の内容、特に権利・義務（何を得て、何を失うのか）について、理解する能力を意味する。例えば、不動産を売却して代金を得る一方で、その不動産（ひょっとしたら代金以上の価値があるかもしれない）を手放すことの意味を理解することである。そして、契約の結果について理解する能力も含まれる。例えば、自宅を売却すれば、住む場所を他に求めなければならないことや、不動産を担保として差し入れれば、競売にかけられてその所有権を失うかもしれないことに対する理解である。

では、どのような場合に、本人に意思能力がなかったといえるのか。認知症の母が勝手に家を売却して、家族がその有効性を裁判で争った場合で説明すると、裁判所は契約当時の本人の状況を示す客観的な資料から、本人にどの程度の判断力・理解力があったかを判断する。例えば、契約時点前後の母の言動に関する家族など関係者の証言や、要介護認定の際の調査票、主治医の意見書などが証拠となる。そして、売却した事情・経緯や契約の内容、契約の相手方（仲介した不動産業者がいれば、その担当者）との関係などを総合的に考慮して、契約当時の母に意思能力がなかったと判断されれば、契約は無効となる。

(2) 成年後見制度

このように、認知症などで判断能力が衰えた人が契約を結んだ場合、争いがあるたびに裁判所に判断を求めなければならないとすれば、あまりにも大変である。そこで、認知症などの理由で判断能力が不十分な者を保護し、支援する法制度として成年後見制度が設けられている。

①法定後見制度

成年後見制度は、法定後見制度と任意後見制度に大別され、前者はさらに、後見、保佐、補助の３種類に分かれており、判断能力の程度など本人の事情に応じた制度を利用できる。

そして、家庭裁判所により選任された成年後見人、保佐人や補助人が、本人の利益を考えながら、本人を代理して契約などの法律行為をしたり、本人が自分で法律行為をする際に同意を与えたり、本人が同意を得ないでした不利益な法律行為を後から取り消したりすることにより、本人を保護・支援する。

②任意後見制度

任意後見制度は、本人が充分な判断能力があるうちに、将来、判断能力が不十分な状態になった場合に備えて、あらかじめ自身が選んだ代理人（任意後見人）に、自分の生活、療養看護や財産管理に関する事務について代理権を与える契約（任意後見契約）を公証人が作成する公正証書で締結しておくものである。これにより、本人の判断能力が低下した後に、任意後見人が、任意後見契約で定めた事務について、家庭裁判所が選任する任意後見監督人のもと本人を代理して契約などを行うことにより、本人の意思に従った適切な保護・支援をすることが可能になる。

(3) 不動産信託制度

①信託の意義

信託とは、ある財産（金銭や不動産だけでなく、著作権のような権利も含まれる）を保有する者（委託者）が、その財産を受託者に一定期間譲り渡し（信託的譲渡）、受託者は受託財産を管理・運用し、そのなかで得た収入のうち諸経費、信託報酬を差し引いた運用益を信託配当として委託者又は委託者が指名した第三者（受益者）に支払う仕組みである。約定された信託期間が終了すれば、信託財産は委託者に返還されるのが原則である。

信託には、信託業法上の免許を持つ信託業者（信託銀行や信託会社）

に報酬を支払って財産管理を任せる営利信託と、信託業者ではない個人・法人に財産管理を任せる民事信託の２種類がある。

②営利信託としての不動産信託

不動産信託は不動産証券化に用いられるので、大規模物件だけを対象とした制度と思われがちだが、そうした制限はなく、個人の住宅の管理や運用にも活用できる。

また、受託した不動産を第三者に譲渡せず、管理・運営のみを行い、信託期間の終了時に委託者に返還する業務が不動産管理信託であり、京都の町家のような伝統的建築物の保存手法として用いられるほか、高齢者が快適に暮らすための資金調達の手段として活用されている。

不動産信託を利用するメリットの１つは、不動産の管理が円滑に行われる点である。契約時に委託者の親族か弁護士、司法書士などに信託の指図権を与えておくため、仮に委託者が認知症などにより意思決定ができなくなっても、不動産の管理・運用は受託者（信託業者）が引き続いて行うことができる。また、委託者が死亡した場合、信託業者は原則として信託財産を売却処分して諸費用を清算・借入金を返済した残額を、あらかじめ指定された相続人に支払う。これにより相続をめぐるトラブルも起きにくいとされる。

③民事信託としての不動産信託

民事信託のなかで、家族や親族が受託者となる方式を家族信託と呼び、高齢者や障がい者のための安心円滑な財産管理や柔軟かつ円滑な資産承継対策を実現する仕組みが注目されている。気心の知れた家族・親族に財産を託し、なるべく費用を抑えた形での柔軟な財産管理と資産承継を目指す仕組みといえる。

5. まとめ

超高齢社会のなかで、高齢期も安心して暮らせるように、自らの不動産の資産価値の維持向上、資産を活用した暮らし、そして高齢期の住まいや施設を総合的にみて判断することが必要である。さらに、社会制度として、誰もが安心して暮らせるようにリバースモーゲージやリースバック、そして信託や後見制度等を適切に活用できる体制を構築することが重要になる。高齢期の住まいに関しては高齢者や家族、関係者が適正に判断できるように情報開示の推進とともに、消費者保護の視点から行政の適正な関与、消費者教育が必要である。

学習課題

1. 高齢者用の住まいや施設を調べてみよう。どんな居室で、どんなサービスが、いくらで提供されるのか。
2. 高齢者が自分の不動産を自ら管理できなくなった場合に、相続の問題も見据えて、円満に対処する方法を探してみよう。

参考文献

1. 齊藤広子『高齢者用マンションの管理上の課題』都市住宅学 87 号, 121-126, 2014 年
2. 近山恵子・米沢奈々子『自分で選ぶ老後の住まい方・暮らし方』彩流社　2015 年
3. 一般社団法人 高齢者住まいアドバイザー協会『高齢者住まいアドバイザー検定公式テキスト【第 2 版】』ブックウェイ　2020 年
4. 公益財団法人 アーバンハウジング『リバースモーゲージに関する調査研究―我が国の普及に向けて―』2020 年

コラム

高齢者の住まいの契約と権利　周藤利一

(1) 高齢者の住まい類型の法律上の区分

本文でも説明したが、高齢者が介護・医療などのサービスを同一内容で受けながら生活するとしても、どのような法律上の根拠に基づきその場所を自分の住まいとしているのかという点に着目すると、住まいを確保するための契約と、住まうための権利は、その住まいの類型に応じてそれぞれ内容・性質が異なる。

まず、住まいが住宅であるか施設であるかという類型区分がある。

- ・施設＝有料老人ホーム
- ・住宅＝区分所有型高齢者向けマンション、賃貸住宅（サービス付き高齢者向け住宅、終身借家権住宅、セーフティネット住宅）

(2) 契約と権利

次に、住まいを確保するための契約を規律する法律、住まうための権利の性質に応じて比較整理すると、表のとおりである。

区分所有型高齢者向けマンションは、一般の分譲マンションと同様、自分の持家として購入した住宅であり、居住する根拠は所有権である。つまり、自分のモノだから住まい方やサービスの内容を自分で決められるわけである。

これに対し、施設であれ、住宅であれ、他者が所有・管理するモノを自分の住まいとして確保する場合、特別養護老人ホームなど行政の措置により入居する場合を除き、所有者・管理者との間で契約を結び、入居する権利を得る必要がある。

ここで、賃貸住宅の一種であるサービス付き高齢者向け住宅（登録した有料老人ホームを除く）、終身借家権住宅、セーフティネット住宅に入居する権利は、借家権であり、契約に対しては民法に加え借地借家法が適用され、借家人である高齢者の法律上の立場が保護されている。

これに対し、施設である有料老人ホームに入居する権利は、利用権と呼ばれ、契約の内容は当事者が自由に定めることができるのが民法上の原則である。しかし、本文で説明したように、2012年の老人福祉法改正により、契約の締結や一時金の処理などについて入居者を保護する観点からの規制がルール化されたことにより、入居者の立場は、有料老人ホームも高齢者向けの賃貸住宅も実質的に同等になっているといえる。

高齢者の住まい・法律・契約・権利の類型

	関係法律	住まいを確保する契約	住まうための権利
有料老人ホーム	老人福祉法	入居契約	利用権
高齢者用区分所有型マンション	区分所有法	売買契約	所有権
サービス付き高齢者向け住宅	高齢者住まい法	借家契約	賃借権（借家権）
終身借家権住宅	高齢者住まい法	終身借家契約	賃借権（終身借家権）
セーフティネット住宅	住宅セーフティネット法	借家契約	賃借権（借家権）

（注1）サービス付き高齢者向け住宅には、登録された有料老人ホームと賃貸住宅の2種類あるが、この表では賃貸住宅について説明している。有料老人ホームはサービス付き高齢者向け住宅の登録をしても、しなくても、契約と権利に関する法律上の扱いは同じである。

（注2）関係法律は民法以外の法律名を示した。

参考文献

若林美佳監修『介護施設・高齢者向け住宅のしくみと疑問解決マニュアル』、三修社　2017年

樋口範雄・関ふ佐子『高齢者法』、東京大学出版会　2019年

12 住まいを相続する

中城康彦

《目標 & ポイント》 親の財産を相続することになりそうです。相続する土地や建物はどう評価するのでしょうか。相続税対策として賃貸アパートを建てても大丈夫でしょうか。また、相続で敷地を分割して細分化すると、住環境が悪くなりそうで心配です。何かよい工夫はないでしょうか。
《キーワード》 自用地、貸家建付地、不動産の権利、権利の価格

1. はじめに

被相続人が残した財産を相続すると、取得した財産額に応じて相続税が課税される。相続税には、不動産のほか現金や有価証券など多くの資産が対象となる、複数の相続人で税金を負担するなどの特徴がある。

賃貸アパートの所有者は、借地借家法で保護される借家人に立退きを強制できず、建物の解体も制約される。制約のある所有権の価格は安く評価され、賃貸アパートの土地と建物を所有することが節税につながる。

複数の相続人が土地の相続を希望する、相続税支払いのために土地の一部を売却するなど、相続した土地は分割されやすい。分割の背景を知り細分化しない工夫や細分化による環境の悪化を防ぐ方法を学習する。

2. 相続税はどう決まるの？

課税対象となる財産の価額から、基礎控除額を引いた課税遺産総額を

法定相続人が法定相続分を相続する場合の税額を求める。この金額を実際に相続した財産額で配分して、各人の納税額を決定する。客観的な評価が難しい宅地の時価を評価するために路線価が開示されている。

(1) 相続税の納税額の求め方

①課税対象となる財産の範囲

相続税の対象となる財産は、現金、有価証券、不動産、貴金属、骨董品などの実際の相続財産のほか、みなし相続財産と死亡3年以内の贈与財産が含まれる。みなし相続財産は、死亡保険金、死亡退職金や、年金の受給権などである。死亡3年以内の贈与は、贈与がなかったものとして相続財産に含め、納付済みの贈与税は返してもらう。

②全体の税額から各人の納税額を求める

各相続人等が納付する税額は表12-1の手順で計算する。課税価格は上述①の財産から、生命保険金の非課税枠等の非課税財産と債務や葬儀費用を除いた財産の価格で、そこから法定相続人[1)]の数から求めた基礎控除額[2)]を引いた課税遺産総額を求める。課税遺産について、法定相続人が法定相続分を相続する場合に適用されるそれぞれの税率をかけた額を合計して全体の税額を求め、これを各人が相続した財産の価格割合で負担する。税額控除できる場合はこれを控除した額が各人の納付税額になる。

配偶者には特例があり、法定相続分相当額など一定額までは相続税がかからない。また、小規模宅地の評価減があり、居住していた宅地を配偶者や同居していた親族が取得するなどの場合に評価額が減額される。

注1) 被相続人（亡くなった方）の配偶者のほか、i) 子供、ii) 直系尊属（父母、祖父母等）、iii) 兄弟姉妹。生存している配偶者は常に相続人となり、他の法定相続人は、i)、ii)、iii) の順位で相続人となる。ただし、ii) は i) がいない場合、iii) は i) ii) がいない場合に相続する。法定相続分は国税庁のホームページで確認できる。

注2) 法定相続人の数に応じて計算する。数値については国税庁のホームページで確認できる。

表 12-1　相続税納付額の査定手順

番号	内容	方法
i)	課税価格を合計	財産を取得した人ごとに課税価格を計算し、その合計を求める
ii)	課税遺産総額の計算	i) から基礎控除額を控除して求める。
iii)	法定相続人ごとの取得金額に換算	ii) を法定相続人が法定相続分で取得するものとして取得金額を計算する
iv)	税額の仮計算	iii) に法定相続人ごとの税率を乗じて税額を計算する
v)	相続税額の総額	iv) を合計する
vi)	相続人等ごとの税額	v) を取得した課税価格 i) の割合で按分する
vii)	相続人等ごとの納付税額	vi) から相続人等ごとに認められる各種の税額控除額を控除して納付税額を計算する

相続税の申告期限は、納税義務者が相続等の開始を知った日の翌日から 10ヶ月以内である。申告期限までに各相続人の相続分が決定できないときは、法定相続分で相続したと仮定するなどの方法で納付する。金銭納付が困難な場合は延納や物納などの制度がある。

(2) 相続した不動産の評価

①宅地の価格評価

相続税は、納税者の申告に基づいて課税する申告税であるが、納税者が不動産の価格を適切に評価することが困難なことから、財産評価基本通達に従い、市街地の宅地は路線価方式で、他の地域の宅地は固定資産税評価額に一定の倍率を乗ずる倍率方式で評価することが一般的である。路線価方式は、路線（道路や水路）に面して想定した標準的な宅地の課税上の価格（時価）を示す路線価図[3] を用いる。路線価は地価公示価格[4] の 80％を目安としている。路線価発表から相続までの地価下落

注 3)　国税庁のホームページで全国の路線価を閲覧できる。

注 4)　国土交通省土地鑑定委員会が、地価公示法に基づいて毎年 1 月 1 日時点の標準地の正常な価格を公示する。標準地の数は 26,000 程度。土地の取引価格の指標とする、公共事業用地の取得価格算定の規準とするなどの役割がある。

や評価の誤差を考慮してもなお、評価額が実勢価格を上回らない、言い換えると過大に課税しない配慮である。

宅地の奥行が長い、角地である、不整形などの個別的要因がある場合、準備された補正率表等を使って、奥行価格補正、側方路線影響加算、不整形地補正などを行う（表12-2 表12-3）。

路線価方式を使った財産評価や納税申告は、税理士に依頼することも多い。路線価方式による評価額が適切な時価を反映しない場合は、不動産鑑定士に不動産鑑定評価を依頼し、鑑定評価額を時価として納税することも可能である。

表12-2　宅地の形状と補正率

<table>
<tr><th>宅地形状と路線価図の情報</th><th>奥行価格補正率</th></tr>
<tr><td>
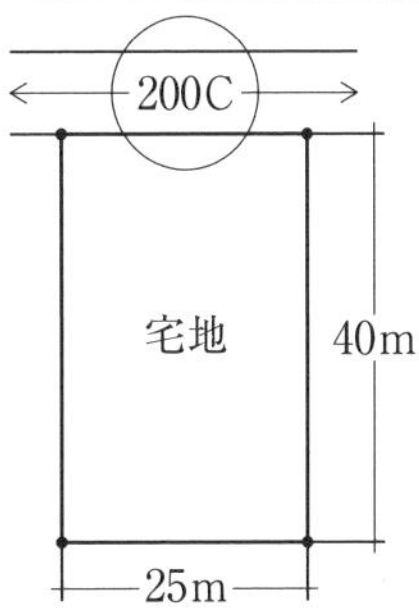

：普通商業・併用住宅地区
200 ：路線価（千円/m²）
C ：借地権割合が70%
</td><td>
<table>
<tr><th rowspan="2">奥行距離
（m）</th><th colspan="3">地区区分</th></tr>
<tr><th>高度商業地区</th><th>普通商業・併用住宅地区</th><th>普通住宅地区</th></tr>
<tr><td>4未満</td><td>0.90</td><td>0.90</td><td>0.90</td></tr>
<tr><td>4以上　6未満</td><td>0.92</td><td>0.92</td><td>0.92</td></tr>
<tr><td>6〃　8〃</td><td>0.94</td><td>0.95</td><td>0.95</td></tr>
<tr><td>8〃　10〃</td><td>0.96</td><td>0.97</td><td>0.97</td></tr>
<tr><td>10〃　12〃</td><td>0.98</td><td>0.99</td><td rowspan="5">1.00</td></tr>
<tr><td>12〃　14〃</td><td>0.99</td><td rowspan="6">1.00</td></tr>
<tr><td>14〃　16〃</td><td rowspan="8">1.00</td></tr>
<tr><td>16〃　20〃</td></tr>
<tr><td>20〃　24〃</td></tr>
<tr><td>24〃　28〃</td><td>0.97</td></tr>
<tr><td>28〃　32〃</td><td>0.95</td></tr>
<tr><td>32〃　36〃</td><td>0.97</td><td>0.93</td></tr>
<tr><td>36〃　40〃</td><td>0.95</td><td>0.92</td></tr>
<tr><td>40〃　44〃</td><td>0.93</td><td>0.91</td></tr>
</table>
</td></tr>
</table>

表 12-3　路線価を用いた宅地の評価（表 12-2 の宅地）

路線価 (千円/m^2) ①	奥行価格 補正率 ②	単価 (千円/m^2) ③＝①×②	面積 (m^2) ④	総額 (千円) ⑤＝③×④
200	0.93	186	1,000	186,000

②家屋の評価

家屋（建物）を相続した場合の所有権価格は、固定資産税評価額（倍率 1.0）で評価する。家屋は市町村が評価し、評価額は固定資産課税のために毎年所有者に送付される。評価額は、新築時の建築費（再建築費評点数）を求め、経過年数による減価額（損耗の状況による減点補正率）を減価して求める。古い家屋で取引価格が 0 の場合でも、存在していれば最低でも新築時の 20％の価値で評価する。

3.　アパート建設は節税になるの？

賃貸アパートが建っていると土地は貸家建付地、建物は貸家として安く評価される。建設費を支払うための借入金も課税価格を減額する効果があるため、相続税の節税につながる。相続税に限らず土地の固定資産税や所得税も圧縮が可能なため、節税目的で賃貸アパートを建設することがある。他方、賃貸経営が継続できないと大きな損失につながる。

(1)　相続する不動産の権利と価格

相続する不動産には土地と建物がある。また、相続する権利には所有権のほか、借地権や借家権などがある。

土地と建物の所有と利用の関係を図 12-1 に示す。タイプ 1 の更地は建物がなく他人の権利が設定されていない状態である。タイプ 2～5 は建物が立っている場合で、土地の所有者が土地を自分で使っているか借

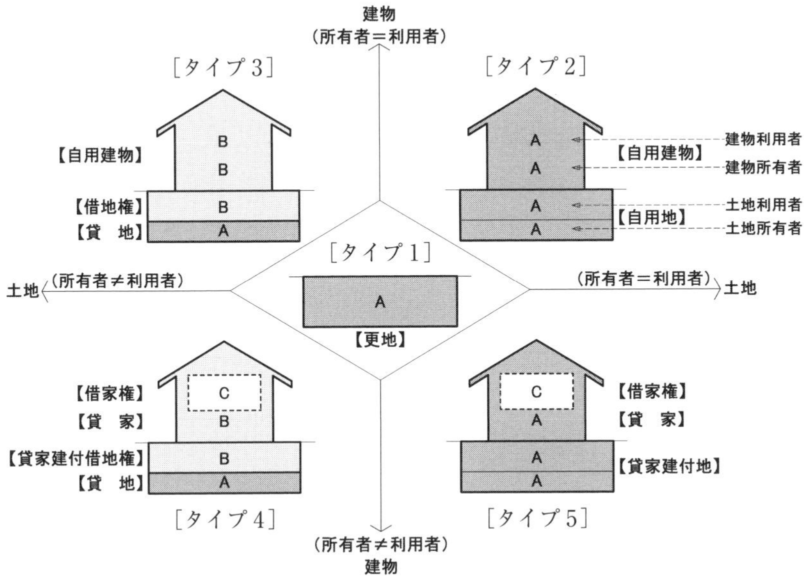

図 12-1　相続する不動産の権利の分類

地人が使っているか、建物の所有者が建物を自分で使っているか借家人が使っているかの別で区分したものである。

借地権は相続税路線価図に示された借地権割合[5)]を用いて計算し、借家権割合は30％に統一されている。借地権割合が70％の場合の所有権、借地権、借家権の価格割合を表12-4に示す。いずれも、土地の所有権はAが有するが、評価額は「更地」（タイプ1）と「自用地」（タイプ2）が100％で、「貸地」30％（タイプ3、4）、「貸家建付地」79％（タイプ5）である。建物を自分で使っているBの「借地権」（タイプ3）は70％であるが、「貸家建付借地権」（タイプ4）は49％になる。

これらの計算方法は相続税の課税のために設けられたものであり、実際の市場の取引価格や不動産鑑定評価額と一致するとは限らない。

注5）更地の価格に対する借地権価格の割合。相続税評価では地域ごとに借地権割合を公表しており、路線価と一体的に開示している。

表 12-4　相続する不動産の権利と価格割合

権利者		タイプ1	タイプ2	タイプ3	タイプ4	タイプ5
建物	A	***	100% （自用建物）	***	***	70% （貸家）
	B	***	***	100% （自用建物）	70%※1 （貸家）	***
	C	***	***	***	30% （借家権）	30% （借家権）
土地	A	100% （更地）	100% （自用地）	30%※2 （貸地）	30%※2 （貸地）	79%※4 （貸家建付地）
	B	***	***	70%※1 （借地権）	49%※5 （貸家建付借地権）	***
	C	***	***	***	21%※3	21%※3

※1：借地権割合（X）が70%の地域を想定。　※2：100%−X　　※3：X×30%
※4：100%−(X×30%)　　※5：X−(X×30%)
注）土地・建物それぞれ合計は100%

(2) アパート建設による相続対策

不動産の税金は取得、保有、譲渡、貸付け、贈与、相続などに課税される（第6章第2節参照）。税制に設けられた特例等を組み合わせ、相続税の節税目的で生前に借入金で賃貸用のアパートを建設することがある。

アパート1住戸当たりの土地面積は200m^{2}以下のことがほとんどで、土地の固定資産税の課税標準が1/6に減額される。建物を新築する際の不動産取得税は評価額から一定額が控除され、税額が0のこともある。

所得税では外部に支出しない減価償却費が経費に認められ、不動産所得の損失を他の所得と損益通算できる。相続税では土地は貸家建付地として15%から20%程度安く、建物は貸家として30%安く評価する。建設のための借入金は負の財産で、課税価格を減少させる効果がある。

表12-5　アパート建設と税制

税金	内容
固定資産税	・課税標準の特例（1住戸当たり土地面積 200m^2 まで 1/6）
不動産取得税	・課税標準の特例（1住戸ごとに一定額を控除）
所得税	・減価償却、損益通算によって所得税の節税が可能
相続税	・土地評価額が地価公示価格の80%（現金を保有するより有利）
	・貸家建付地の評価減（土地評価額が上記よりさらに安くなる）
	・建物評価額が工事費の60～70%程度（現金を保有するより有利）
	・貸家の評価減（建物評価額が上記よりさらに安くなる）
	・借り入れた建設資金を負の財産として評価

相続税の節税を達成した後も借入金の返済は続く。賃貸経営が不調で返済が滞ると、抵当権者が抵当権を実行する。抵当権は強制的に不動産を売却（競売）して融資金を回収する権利である。競売の競落人が所有者となり、相続人は土地と建物の所有権を失う。過大な借入金による賃貸経営はリスクがともない、諸条件を加味した相続対策が重要である。

4.　土地を分割せずに相続はできないの？

複数の相続人が取得する財産を定めることを遺産分割といい、遺言による指定分割が優先される。土地を現状のままで相続させることを遺言で指定する方法がある。相続人の協議による協議分割において、土地を現状のまま取得する相続人を定めることも可能で、他の相続人が土地以外の財産を取得する、他の相続人の相続分相当額について一定期間にわたって金銭で支払う等についてあわせて合意する。

(1)　遺産分割の方法

相続人が複数の場合、各相続人の相続分が確定するまで相続財産は相続人が共有し、遺産分割協議で相続する財産と相続人を確定して相続す

表 12-6　遺産分割の順位

順位	名称	内容
1	指定分割	遺言によって指定された分割方法に基づく分割
2	協議分割	共同相続人の協議による分割
3	調停分割	審判分割に先立って家庭裁判所が行う調停
4	審判分割	相続人の申し立てにより家庭裁判所が分割する

表 12-7　遺産分割の方法

方法	内容
現物分割	i）一筆の土地を相続分に応じて分割する、ii）相続人Aはある遺産を取得し相続人Bは別の遺産を取得する、など
価格分割	全財産または一部を金額に換算して配分する
代償分割	一人が全資産を取得する代わりに他の相続人に対して相続分相当の債務を負い、一定期間の年賦で支払う、など

る。

遺産分割の優先順位は表 12-6 のとおりで、相続人の協議による協議分割よりも遺言で分割方法を指定する指定分割が優先する。土地を分割することなく相続するには遺言による指定分割が有用である。

遺産分割の方法は表 12-7 に示すものがある。現物分割の i）の方法が分割による土地の細分化につながる一方、ii）の方法はこれを防ぐことができる。また、代償分割によっても細分化を防ぐことができる。

(2) 不動産の登記

相続財産は遺産分割協議で確定した者が取得する。相続により所有権が被相続人から相続人に移転するが、不動産に関する物権の得喪及び変更は、不動産登記法ほかの定めにしたがって登記をしなければ、第三者に対抗することができない（民法 177 条）。すなわち、不動産の権利について第三者と争いがあった場合に、自らの権利を主張して負けないためには権利の登記が必要である（第三者対抗力）。

不動産の登記には表示の登記と権利の登記がある。表示の登記は、表題部に不動産の物理的状況を公示する。原則として申請義務がある一方、登録免許税は非課税である。ただし、表示登記に対抗力はない。土地の登記は筆ごとに行うため、相続により一筆の土地を数筆に分割する場合は、表示の登記が必要となり、土地家屋調査士に依頼する。

権利の登記は権利関係を公示するもので、登録免許税が課税される。権利部は甲区と乙区に分かれ、甲区には所有権に関する事項を、乙区には所有権以外の権利を登記する。

権利の登記は対抗力があるが、登記の義務はなく、登録免許税が課税される。第三者対抗力を備える必要がないなどの理由で登記しないこともある。この結果、登記内容と真実の権利者が異なることもある。日本の登記制度は、登記簿（登記記録）[6] の記載が真実の権利関係に合致している蓋然性（がいぜんせい）が高いことを示す（公示力）ものの、登記上の権利者を真の権利者と信じて取引した者が、そのとおりの権利を取得することを法律上保護する効力（公信力）はない。登記の記載内容を鵜呑みできないことに注意が必要である。

表 12-8　不動産登記簿（登記記録）の構成

部分	項目	内容
表題部	不動産の表示に関する事項	土地：地番、地籍、地目など
		建物：所在、家屋番号、種類、構造、階数、床面積
甲区	所有権に関する事項	所有権保存、所有権移転、滅失、差押、買戻、所有権移転仮登記など
乙区	所有権以外の権利に関する事項	地上権、地役権、賃借権、抵当権、質権など

注6）現在の登記簿は磁気ディスクで調整されていて登記事項を記したものを登記記録という。

土地の登記記録と建物の登記記録があり、相続で不動産を取得した場合は、それぞれの登記記録に、所有権移転等の登記をすることで第三者対抗力を備えることができる。権利の登記は司法書士に依頼して行う。上述のとおり所有権移転等の権利の登記が義務付けられていないことから、真実の所有者がだれか探索できない所有者不明土地の増加が社会問題になっている。相続時に登記をしないことが問題を大きくする理由となっていることから、2021年4月民法等の一部を改正する法律が成立し、相続登記が義務化されることになった[7]。

(3) 土地の分割と住環境の保全

相続によって土地が分割される背景には、遺産分割の方法として1つの土地を分割して別々に相続する現物分割が行われる、相続税を支払うために土地の一部分を売却して現金化する、相続を契機として売りに出された土地を購入した不動産会社が分譲するなどがある。図12-2は、相続時などでみられる土地の分割による細分化を模式化したものである。

都市計画区域及び準都市計画区域内の建築物の敷地は、道路に2m以上接しなければならない（接道義務：建築基準法43条）。広い土地を相続したあと4区画に分割する場合、接道のために敷地延長型か道路開設型を採用する。いずれも土地の細分化で住環境が悪化する可能性が高い。区画分割後の住環境を確保するために、協定や地役権によりコモンスペース[8]を設ける方法が有用である。

注7）改正法の公布（令和3（2021）年4月28日）から3年以内に施行予定。

注8）舗装仕上げ、通行の方法、緑化の方法などを工夫してつくる戸建て住宅地の共用の空間。土地の所有は個人、共有、公共のいずれの場合もある。戸建て住宅地に一体感のある景観や個々の敷地では実現できない住環境を創り出す効果がある。

<table>
<tr><th></th><th>敷地延長型</th><th>道路開設型</th></tr>
<tr><td>細分化のパターン</td><td>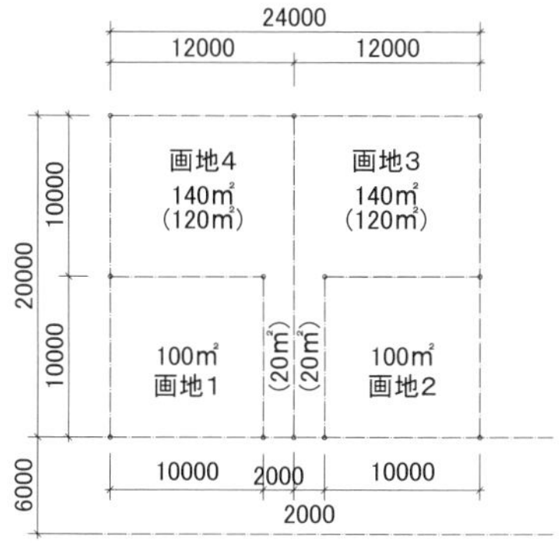
</td><td>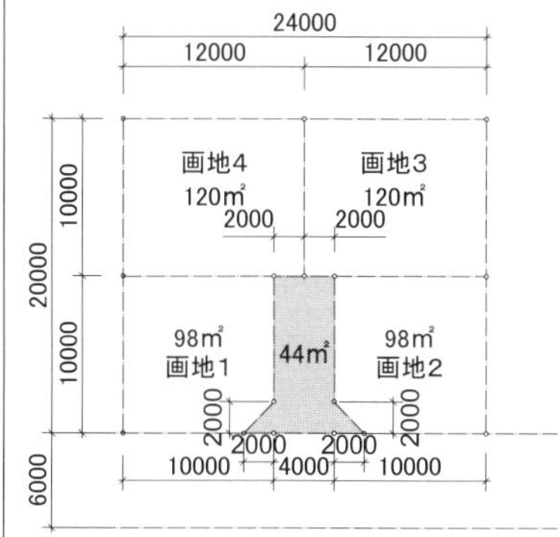
</td></tr>
<tr><td>コモンスペースの創出</td><td>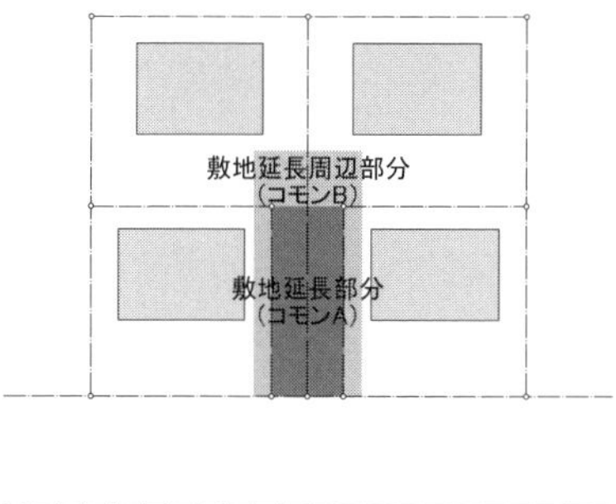
</td><td>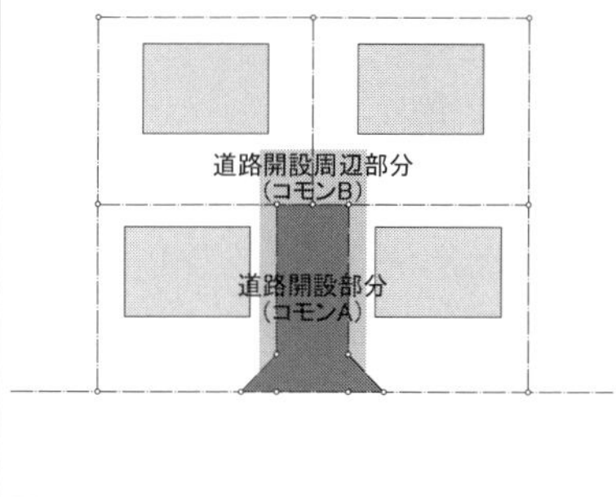
</td></tr>
<tr><td>価値を高める工夫</td><td>路地状部分の形状や利用方法を工夫してコモン化。敷地境界に塀やフェンスは設けない。一体的な仕上げにするなど、全員で利用する空間として演出。周辺を準コモンスペースとして視覚的広がりをもたせる。地役権を登記すれば対抗力が発生し、所有者が変わってもコモンスペースは維持される。</td><td>道路形状（曲線にするなど）や仕上げ（インターロッキングにするなど）を工夫することによりコモン化を図る。敷地延長型と同様、開設道路の周辺についても準コモン化して広がりを持たせる。開設する道路は、建築基準法42条1項5号の位置指定道路で、私道のことが多い。</td></tr>
</table>

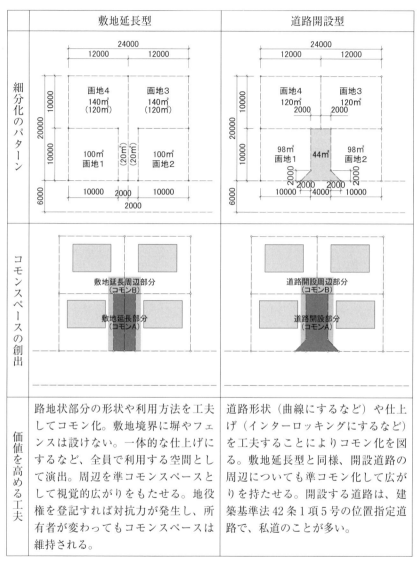

図12-2　分割による土地の細分化と環境悪化の防止策

5. まとめ

法定の相続人と相続分が定められているが、法定相続分と異なる相続も認められる。相続税は相続財産の評価額に対して課税されるが、不動産は時価の評価が困難なため、路線価や固定資産税の評価額を利用するなどの方法により、簡便に時価が評価できる仕組みが準備されている。相続税では、借地権や借家権も相続財産として価格が認められ、これらの権利がついている所有権の価格は安く評価される。相続によって土地を分割する場合は、分割による細分化で地域の住環境の低下や地価下落を招かないように工夫する。

学習課題

1. 賃貸アパートを建設して相続税を節税することが必ずしも相続する土地や建物の資産を守ることにつながらないことを理解しよう。
2. 相続する建物の評価額が、建物が自用の場合と貸家の場合で異なる理由を説明できるようにしよう。

参考文献

1. 塩見哲『不動産相続の教科書』プラチナ出版　2019 年
2. 北本高男『基礎から身につく相続税・贈与税』令和 2 年版　大蔵財務協会　2020 年
3. 日本司法書士会連合会『相続法改正』中央経済社　2017 年
4. 齊藤広子・中城康彦『コモンでつくる住まい・まち・人』彰国社　2007 年
5. 木村浩之『基礎から学ぶ相続法』清文社　2020 年

コラム

相続税納税額、納税者数の推移　藤原　徹

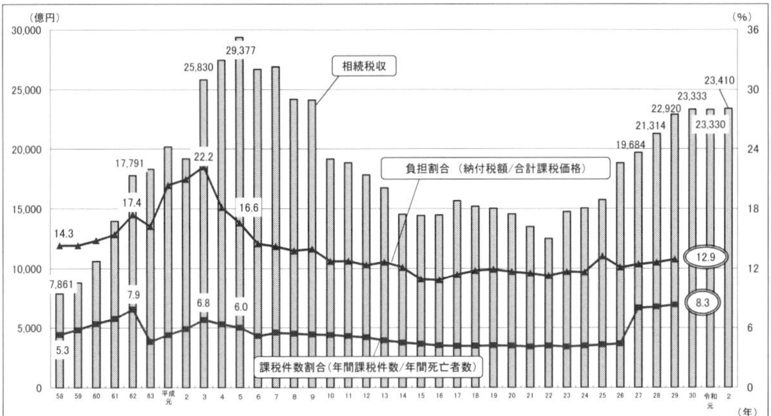

（注1）相続税収は各年度の税収であり、贈与税収を含む（平成30年度以前は決算額、令和元年度は補正後予算額、令和2年度は予算額）。
（注2）課税件数、納付税額及び合計課税価格は「国税庁統計年報書」により、死亡者数は「人口動態統計」（厚生労働省）による。

（出典）財務省 web サイト
https://www.mof.go.jp/tax_policy/summary/property/141.pdf（2021 年 9 月 14 日閲覧）

相続税の課税件数割合、負担割合及び税収の推移

図は相続税の課税状況をグラフに表したものである。

棒グラフは各年度における相続税収（左軸）であり、相続税と密接にかかわる贈与税収も含まれている。資産価格の変動等につれて税収も変動してきたが、直近数年間の税収は約 2.3 兆円で推移している。

国税庁統計年報書のデータから筆者が計算したところによると、平成 30 年において、相続財産のうち、約 35.1％が土地（宅地 26.5％、田畑山林等 8.6％）、家屋・構築物が約 5.3％と、およそ 4 割が不動産に関連するものとなっている。これは現金・預貯金等の約 32.3％、有価証券の約 16％よりも高い割合であり、この章で学習したような相続税対策も一因であると考えられる。

図の下の方の折れ線グラフは、年間死亡者数（相続の件数）に占める年間課税件数の割合を示している（右軸）。平成 27 年に割合が急上昇し、平成 29 年においては相続の約 8.3％が課税対象となっている。

平成 27 年に急上昇した主な原因は、税制の改正によって基礎控除額が縮小

されたことであると考えられる。具体的には、定額控除額が5,000万円から3,000万円になった。また、法定相続人数比例控除額が1,000万円×(法定相続人の数)であったものが、600万円×(法定相続人の数)となった。いわゆるバブル期の地価高騰などによって基礎控除額が引き上げられていたが、その後の地価の下落傾向にもかかわらず基礎控除額は据え置きになっており、課税額、課税件数とも比較的低い水準にあったことが背景にある。

相続税には富の再分配の機能が期待されており、相続する額が大きくなればなるほど税率が高くなる、累進性がある。例えば、法定相続分に応ずる取得金額が1,000万円以下の場合には税率は10%であるのに対して、5,000万円超1億円以下であれば30%(700万円の控除)、6億円超で55%(7,200万円の控除)となっている。累進性は節税に大きなインセンティブを与えることになる。

相続税を補完する贈与税についても累進性がある。例えば、贈与財産の額が200万円以下であれば税率は10%であるが、600万円超1,000万円以下では40%(125万円の控除)、3,000万円を超える場合には55%(400万円の控除)となる。

相続税制の改正と同時期に、祖父母や父母など直系尊属からの贈与は「特例贈与財産」として、通常の「一般贈与財産」とは別の扱いを受けるようになった。例えば、600万円超1,000万円以下では税率30%(90万円の控除)、3,000万円超4,500万円以下の場合には税率45%(265万円の控除)と一般贈与財産よりも低い課税額となっている。

コラム

相続と不動産　周藤利一

相続は、人の死亡によって開始する。死亡者を被相続人と呼び、その財産を相続する者を相続人と呼ぶ。

相続人とは、被相続人の配偶者(常に相続人になる)と、第1順位:子供、第2順位:直系尊属(父母、祖父母等)、第3順位:兄弟姉妹であり、これら以外の者は相続人になることができないのが原則である。配偶者は、生存している限り常に相続人になるのに対し、配偶者以外の者は上記の順位で相続人になることができる。例えば、配偶者が生存しており、子供はいない場合又は子供全員が相続放棄した場合、配偶者と父母が相続人となり、父母は死亡しているが、祖父母が生存している場合は、配偶者と祖父母が相続人になる。

以上の例外が代襲相続である。被相続人が死亡する前に先に死亡した子供は相続人になれないが、その者に子供（被相続人の孫）がいれば、孫が親（被相続人の子供）に代わって、その相続分を相続する。被相続人の子の場合は、孫も、ひ孫も下の代がいる限り代襲相続が続く。これに対し、兄弟姉妹の代襲相続は一代限りであり、甥・姪の子供は代襲相続できない。

日本の相続制度は、いわば徹底して相続させる仕組みになっている。上記の仕組みに加え、養子、嫡出でない子にも相続権（代襲相続を含む）が認められるので、相続人が一人も存在しないという状況は、現実には極めて稀である。

また、相続すること自体に特別な意思表示をする必要はなく、特段の手続きも要件とされていない。例えば、遺産分割が必要な状況で、それをしないと相続人は遺産を自分の手にすることができない一方で、しないからといって相続の効力がなくなるわけではない。

以上の状況を不動産に当てはめると、利用も管理もされない不動産であっても、だれかが相続しているはずであり、かつ、多くの場合、真の所有者である相続人本人がその事実を知らないという問題に結びつく。

バブル崩壊後の1990年代には、事業で失敗した親の借金を引き継ぎたくないため、相続を放棄する事例が多かった。2010年代に入り、地方圏の地価の低迷で売却できず、利用する予定もない不動産を相続したくないという理由や、少子化により被相続人の子供や兄弟がいなかったり、既に死去しているなどの理由で被相続人とほとんど交流がなかった甥や姪といった遠い親類が法定相続人となったため、相続放棄する事例が増加している。法務省の司法統計によると、1989年には4万3,626件だった相続放棄の申立件数が2019年には22万5,415件と5倍超に増加している。

土地が相続されても、不動産登記簿の名義を変更する義務はないので、死亡した所有者名義のまま放置されている事例が多い。

2016年度地籍調査において不動産登記簿上で所有者の所在を確認できない土地の割合は、全国土の約20%に達した。そのうち、探索した結果、最終的に所有者の所在が不明な土地の割合は0.41%であった。

しかし、真の所有者を必ず探索して補償金を支払わなければならない公共事業などを除けば、探索に膨大な費用と時間をかけるインセンティブはない。

そこで、所有者不明土地の利用の円滑化等に関する土地別措置法が2018年に制定され、所有者の探索を合理化する仕組み、所有者不明土地を円滑に利用する仕組みが講じられた。特に、地域福利増進事業の創設により所有者不明土地を地域のために利用できる仕組みが導入された。

2021年に民法、不動産登記法が改正され、①所有者不明土地管理人の選任、②所有者不明土地管理命令・所有者不明建物管理命令、③相続登記の義務付けと登記手続きの簡略化、④相続等により取得した土地所有権の国庫への帰属（いわゆる土地所有権の放棄）などの仕組みが導入された。これにより、相続を契機として管理が行われない土地や所有者不明土地が増加するのを抑制する効果が期待される。

参考文献

吉原祥子『人口減少時代の土地問題―「所有者不明化」と相続、空き家、制度のゆくえ』、中公新書　2017年

潮見佳男『詳解 相続法』、弘文堂　2018年

「土地はだれものか」研究会『土地はだれのものか』、白揚社　2019年

13 不動産に投資する

中城康彦

《**目標＆ポイント**》 太郎さんと花子さんは、親の財産を活用して不動産投資し、収益を老後の生活資金に充てようと考えていますが、賃貸アパートを経営するか投資用不動産を購入するか迷います。不動産を自ら経営するのは大変なので、不動産投資ファンドも関心があります。そもそも、家を買うことは投資ではないのですか。
《**キーワード**》 利回り、不動産証券化、キャピタルゲイン、サブリース

1. はじめに

長寿社会で、長くなる老後の生活に必要な資金を、年金や貯蓄だけではまかないきれない可能性がある。不動産投資によって不足分を補い、豊かでゆとりのある老後生活に備える必要性が高まっている。

不動産投資の方法が多様化しており、1棟の土地と建物を所有して、賃貸経営する伝統的な方法のほか、投資用に企画開発して分譲されたマンションを購入して賃貸する方法や、不動産の収益の目論みを開示して投資家からの投資を募る不動産投資信託も利用できる。購入した住宅の価値を高め、売却時にキャピタルゲインを得る方法は最も身近な不動産投資である。

2. 1住戸からでも不動産投資ができるの？

マンションを購入し、賃貸して収益を得る方法は1住戸で可能な不動

産投資である。賃貸することを前提に分譲する投資用マンションでは、事業者が分譲、賃貸、管理を一括して行い、所有者は投資家として収益を受け取る。少額で投資できる、所得税の節税につながる側面があることなどから普及が進み、不動産投資の1形態として認知されている。不動産投資は1住戸からでも可能である。

(1) 投資用マンションを購入して経営する

投資用マンションの事業者は、企画段階から賃貸収益を目的とする投資家に住戸ごとに販売することを前提に設計、建設する。また、事業者は、購入した投資家の賃貸経営が円滑になるよう、賃貸募集や賃貸管理を支援する。

投資家が区分所有権を購入して建物の区分所有者となり、管理組合を構成して運営に参加することは一般のマンションと同様である。事業者は管理組合が行うマンション管理も支援する。

投資家が得る収益には、賃貸で得るインカムゲインと売却で得るキャピタルゲインがある。インカムゲインは家賃収入から固定資産税、管理費等の必要諸経費等を引いた純収益である。購入時に金融機関から融資を受ける場合は、返済を含めた収支計画で投資の適格性を確認する。キャピタルゲインは、マンションの売却額が購入額を上回る場合の利益である。建物が古くなったとしても、立地がよい、稀少性が高い、管理がよい、賃貸条件がよいなどの条件があればキャピタルゲインを得ることも可能である。他方、値下がりすればキャピタルロスが生じる。

投資する際はインカムゲインとキャピタルゲインのほか、所得税の節税[1]などの効果も合わせて投資の適否を判断する。

注1）第12章 住まいを相続する　表12-5参照。

(2) 賃貸用の建物全体を所有して経営する

①賃貸用不動産を入手する

1棟の賃貸用不動産への投資は、完成している土地建物を購入するか、準備した土地に建物を新築する方法で行う。

土地建物を購入する方法には、新築を購入する方法と中古の賃貸用不動産を購入する方法がある。中古の賃貸用不動産を、賃借人が入居している状態で購入する場合は、実際の家賃収入がわかる点がメリットである。

建物を新築する方法では、準備した土地がある場合はそれを利用できるが、そうでない場合は購入するなどにより、土地を準備する必要がある。

②賃貸用建物を新築する

土地を購入して建物を新築する場合、投資家（事業主・賃貸経営者）は、i）宅地建物取引業者に土地の媒介を依頼して土地を購入し、ii）土地代金を支払うために金融機関から資金融資を受け、iii）建築設計事務所に建築設計監理を委託し、iv）完成した図面をもとに建設業者に新築工事を依頼する。その後、v）完成した建物の賃貸の媒介を宅地建物取引業者に依頼して建物を賃貸し、vi）賃貸住宅管理会社に管理を委託して賃貸経営を行う（図13-1）。

(3) 賃貸用不動産に投資する際の留意点

投資用不動産の販売や建設を行う事業者が、利回りの高さや家賃保証による安心感を示して不動産投資を促すことがある。

①利回りの計算方法を確認する

不動産投資を勧める際に“利回り10%”などと表現することがある。利回りは投資の優劣を判断する重要な指標であるが、定義がなく、いろ

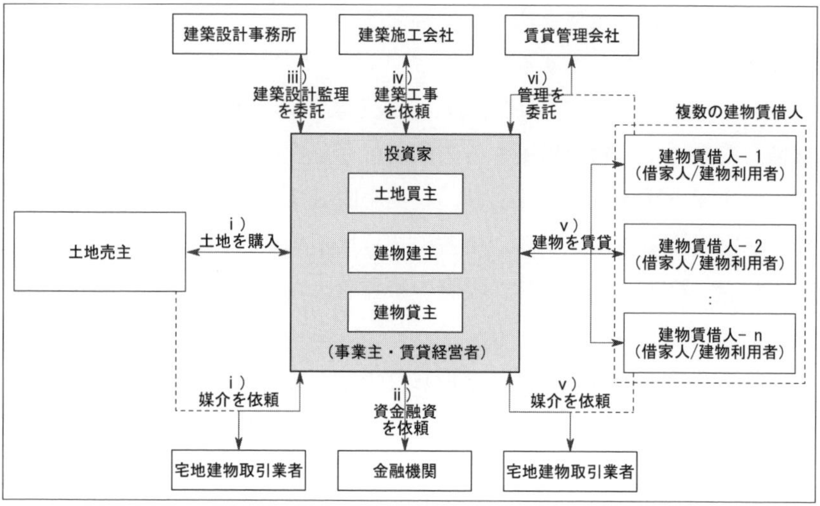

図 13-1　購入した土地に賃貸建物を新築して経営する

いろな利回りが混在していることに留意する。

利回りは収益を投資額で割って求めるが、収益は必要諸経費や借入金返済額を引いた正味の手取り額を用い、投資額は土地建物価格の合計を用いることが基本である。“利回り 10%”は、必要諸経費等を引く前の収益を建物価格で割っている可能性があることに留意する。提示された利回りの計算方法を確認する、基本通りの利回りを提示してもらうなど、あいまいさを排除して適切に投資判断する。

②家賃保証の意味を理解する

賃貸用の不動産投資では、投資家（賃貸人）が入居者（賃借人）と賃貸借契約を結ぶ方法（図 13-1 の v)）のほかに、投資家（賃貸人）と事業者（賃借人）が賃貸借契約を結び、事業者（賃借人＝転貸人）が入居者（転借人）に転貸するサブリース方式が用いられることがある。投資家には、入居者募集や管理など専門的で煩わしいことを事業者が行ってくれる、長期に1棟全体を借りてもらえるなどのメリットがある。

他方、契約期間と賃料を明記してサブリース契約を結んだことで、将来の収入額が確定されている（家賃保証）と、投資家が誤認してトラブルになる事象が起きている。借地借家法は経済情勢などに変動があった場合、借家人に家賃減額請求権を認めている。家賃減額請求権は契約書に記載しなくても認められる法律上の権利で、契約内容に優先する[2)]。弱い立場の賃借人を保護する趣旨の借地借家法の規定を、事業者が自らの利益のために適用することを織り込んで契約することで生じるトラブルである。家賃保証は、実務上用いられる用語であるが、投資家はこれに優先する規律があることを知る必要がある。

サブリースをめぐっては、投資用不動産購入資金の不適切な融資やサブリース事業者が破綻するトラブルもある。このようなトラブルを予防するため、2020（令和2）年賃貸住宅管理業務等の適正化に関する法律が制定された。

3. 不動産の証券化とは？

不動産証券化は不動産投資ファンドが受け皿となって投資家からの資金を集約し、不動産を取得して運用する方法で、投資家は投資と引換えに証券を受け取り、証券の記載内容にもとづいて不動産の運用益の分配を受ける。証券は売買することができ、売却益も期待できる。不動産を所有して経営する方法よりも換金が容易、少額の資金で大型の不動産投資に参加できる特徴がある。

(1) 間接金融と直接金融

一般的な不動産投資では、不動産の取得に必要な資金のうち自己資金

注2）例えば、2年ごとに家賃を2％増額するという契約は有効であるが、後日になって経済情勢が悪化して家賃減額請求が認められると効力を失う。定期借家契約の場合は事情変動による家賃増減請求権の規定は適用されず、約定の内容が確定的に適用される。

で足りない部分を金融機関から融資を受ける。一般の預金者（投資家）が金融機関に資金を預け、その資金を金融機関から不動産プロジェクトに貸し付けることから、この資金の流れを間接金融という。

間接金融では金融機関が投資分析を行い、適切と判断するプロジェクトに融資する。預金者は金融機関を信頼して預金する一方、どのようなプロジェクトに融資するかには関与しない。

直接金融は、投資家がプロジェクトの内容を自ら分析して判断し、不動産に直接投資する。投資と引換えに不動産の運用益を投資家へ分配することを記載した証券を受け取ることから、不動産証券化といわれる。不動産投資ファンドを中心とした投資ビークルが投資の受け皿になる。

(2) 不動産証券化の仕組み

不動産証券化では投資家保護のため、投資を募る不動産投資ファンドは、不動産プロジェクトの透明性を高め、投資判断に必要な情報を開示する。日本の上場不動産投資信託であるJ-REIT（Japan-Real Estate Investment Trust）では、投資法人は不動産を所有するだけで、一般事務、資産保管、資産運用などを外部業者に委託することが求められる（投資法人型 図13-3）。これらの機能を内製化するとその業務のために余計なコストをかけ、投資家に少しでも高い配当を渡すという不動産投資ファンドの役割を果たさない可能性があるからである。

証券化は、不動産市場と金融市場を結びつける仕組みが機能するよう役割分担を明確にするとともに仕組みが安定的、効率的に機能するよう

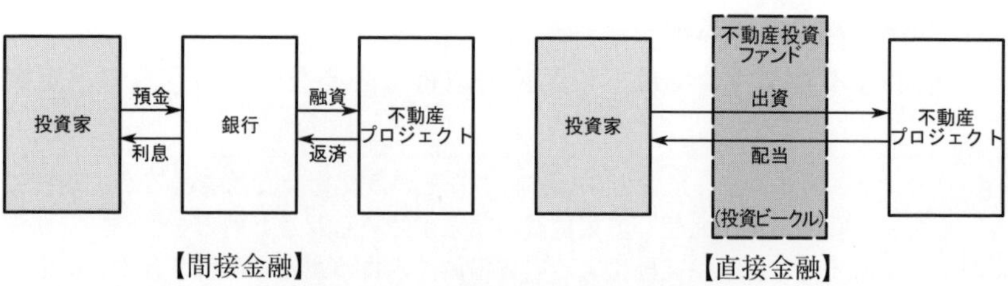

図13-2　間接金融と直接金融

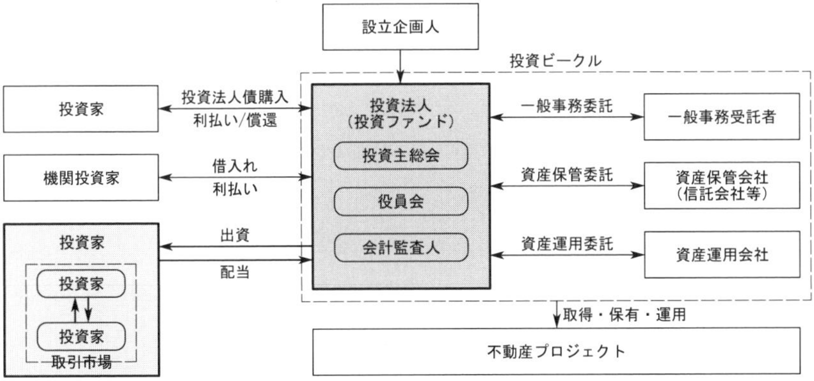

図 13-3　不動産証券化の仕組み（投資法人型）

にルールが定められていることから、仕組み金融（Structured Finance）といわれる。少額で大型不動産の投資に参加できる特徴があり、多くの投資家からの投資を集約して多額の投資を行う。

上場されている REIT 商品はいつでも購入でき、売却できる。保有期間中は配当を受けることができ、売却時に売却益を得ることも期待できる。証券化不動産への投資は一般に、ミドルリスク・ミドルリターンといわれる。預金などのローリスク・ローリターンの投資と株式などのハイリスク・ハイリターンの投資の中間に位置づけられるが、配当の優先順位の決め方により、ハイリスク・ハイリターン型のものもあり、商品の内容を理解したうえで出資する必要がある。

不動産投資ファンドに投資して、証券を受け取って利益から配当を受ける仕組みは、不動産を運用する不動産会社の株式を買って配当を受ける株式投資と共通点がある。株式の配当は企業が得た利益に対して課税される法人税を引いた税引き後利益を原資とするが、REIT では課税前の利益を原資とするなど、より多くの配当が可能な制度となっている。

4. 自宅の資産価値を上げる方法は？

多くの生活者にとって住まいを購入することは、一生で経験する最も高額な不動産投資といえる。高い資産価値を保つことで、将来の売却はもとよりリバースモーゲージやリースバックを好条件で進めることができれば不動産投資として成功である。定期点検や維持更新に心掛けるとともに、それらの情報を残すことで住まいの資産価値を高めることができる。

(1) 住まいの資産価値を高めて住み替える

生活者に最も身近な資産形成の１つは、所有する住宅の魅力を高めることである。日本ではなじみがないが、米国の生活者は手入れの程度が劣る中古住宅を安く入手し、住みながら日曜大工などの方法で手を加え、魅力ある住宅に変えて資産価値を高める。時期を見て転売してキャピタルゲインを得て、それを元手にグレードの高い住宅に移り住む。持ち家を使った資産形成が実践されている。

中古住宅流通市場の成熟にともない、日本でも資産価値や資産形成に対する意識が高まり、持ち家で資産形成する動きが強まると予測されている。長寿社会の老後を豊かに過ごす方法として、持ち家を使ったリバースモーゲージやリースバックなどが注目されるが、その際も持ち家が高い資産価値を保有していることが重要である[3)]。

注 3) リバースモーゲージは契約時に持ち家を評価し、評価額の範囲内で生活資金の融資を受けて老後を過ごす。所有者の死亡後に持ち家を売却して融資額を清算する。リースバックは契約時に所有者が持ち家をリースバックの事業者に売却し、その後は借家人としてその家に住み続ける。売却額から家賃を支払うため、実質的に家賃の支払いは発生せず、家賃の累計額が売却額になるまではそのままの状態で住み続けることができる。いずれも、持ち家の資産価値が高く保たれていることが制度の円滑な運用の前提となる。

(2) 追加投資で資産価値を高める

日本では、建物の価格は新築時が最も高く、時間の経過にともなって下落すると考えられている。新築時から耐用年数到来時まで価格が一定額で低下すると考えると、時間の経過と建物価格の関係は図 13-4 の価格直線 C1 で示すことができる。

T3 時点で追加投資を行うと価格は P2 から P4 へ上昇し、直線は上方の C2 にスライドする。追加投資を繰り返すと価格直線は C3、C4 へと移行して価格が維持され、耐用年数も延長する。

「第 10 章　住まいを改修する」で学習した、耐震改修や省エネ改修は住まいの改修工事の例で、結果として建物の資産価値を保つ効果がある。当初の性能を上回る改修工事によって、中古住宅ながら新築住宅と比較しても見劣りしないなど、市場の競争力を高め、高く売却することも可能となる。劣化した部材や設備を取り換える更新工事にも同様の効果がある。

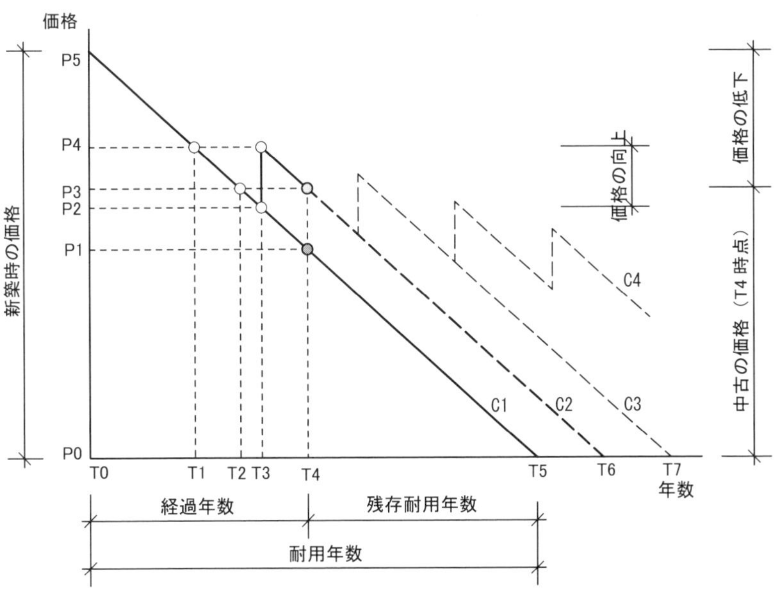

図 13-4　時間の経過と建物の価格

T3 時点で行う追加投資は、経過年数を T3 から T1 に減少させる効果がある。米国の中古住宅評価では、追加投資が建物を“若返らせる”ことに注目し、実際の経過年数 T3 ではなく、実質上の経過年数 T1 を用いて評価している。

追加投資を繰り返して実現する建物の長期利用は、短期で建て替える方法と比較して、建築材料を作るための森林資源の消費や建設工事の車両や重機による二酸化炭素の排出が少なく、地球環境の持続可能性を高める側面がある。

(3) 住宅の履歴情報を残す

建物の価格は建物がもっている性能をもとに評価する。建物の性能には外観調査で把握できるものもあるが、土の中の基礎や壁の中の柱の状態、1 階の床下、天井内部など把握が困難な部分も少なくない。これらの部分はもとより見える部分も含めて、新築時の設計図書や入居後のリフォーム図面などを確認することで住宅性能を正確に評価できる。そのために保存しておくことが望ましい資料には表 13-1 のようなものがある。

これらの資料を新築時の建て主が保存するほか、売買等で所有者が交代する場合には、住宅とともに資料が引き継がれることが望ましいが、実際はなかなか実行できず、社会的にもそのような慣行が定着しているとはいえない。その状況を改善する試みとして、必要な時に必要な情報を利用することを想定し、一定のルールに基づいて住宅の履歴情報を蓄積する「いえかるて」の取り組みがある[4)]。

2018（平成 30）年の宅地建物取引業法の改正によって、住宅取引時に建物状況調査（インスペクション）について説明することが義務づけられ、利用の促進が図られている。住宅履歴情報があれば、建物状況調

注 4）一般社団法人住宅履歴情報蓄積・活用推進協議会の取り組み。

表 13-1　住宅履歴情報の項目（戸建て住宅・維持管理時）

<table>
<tr><th colspan="2">項目名</th><th>項目名の説明</th><th colspan="2">該当する書類・図面名称例
（①書式・書類名称，②図面名称）</th></tr>
<tr><td>B1</td><td>維持管理計画</td><td>維持管理に役立つ，点検や修繕の目安となる情報</td><td colspan="2">①長期修繕計画，メンテナンスプログラム，点検プログラム，点検システム等</td></tr>
<tr><td rowspan="5">B2</td><td rowspan="5">点検・診断</td><td rowspan="5">点検や診断・調査を行った時に作成</td><td>自主点検</td><td>①点検・補修記録シート</td></tr>
<tr><td>サービス点検</td><td>①調査・診断結果報告書，定期保守点検報告書</td></tr>
<tr><td>法定点検</td><td>①定期調査報告書
②調査結果表，調査結果図，関係写真等</td></tr>
<tr><td>住宅診断</td><td>①住宅診断報告書，耐震診断報告書，アスベスト使用調査報告書</td></tr>
<tr><td>耐震基準適合</td><td>①耐震基準適合証明書
②耐震診断チェックシート，建物外観写真等</td></tr>
<tr><td rowspan="2">B3</td><td rowspan="2">修繕</td><td rowspan="2">修繕工事を行った時に作成</td><td>計画修繕</td><td>①完了日，工事業者，工事内容を示す書類
②修繕工事図面，工事記録写真</td></tr>
<tr><td>その他の修繕</td><td>①修理完了日，修理内容を示す書類
②雨漏り等補修工事図面，工事記録写真</td></tr>
<tr><td>B4</td><td>リフォーム・改修</td><td>リフォーム・改修工事を行った時に作成</td><td colspan="2">①完了日，工事業者，工事内容を示す書類
②耐震補強工事図面，改修工事記録写真等</td></tr>
</table>

査における建物性能の把握をより正確に行うことができ、結果的に円滑な住宅取引につながる。

5. まとめ

相続税を支払うための納税資金を準備する、長期となる長寿社会の老後の生活資金を手当てするなど、生活者の豊かな暮らしを実現する１つの方策として不動産投資の有用性が高まっている。

不動産投資には１棟の賃貸用不動産に投資する方法のほか、不動産投資信託の証券を購入する、マンションの１住戸に投資するなど、少額で可能な投資方法もある。また、購入した自宅の資産価値を維持向上させることも不動産投資の１つである。

学習課題

1. 賃貸アパートを建ててサブリース会社に一括借り上げてもらうことを検討している。メリットとデメリットを整理してみよう。
2. 年金で不足する老後の生活資金を得るために、どのような不動産投資が適切と考えるか。不動産投資の収益を個人年金と位置づけて考えてみよう。

参考文献

1. 一般財団法人日本ビルヂング経営センター・明海大学不動産学部『やさしいビル経営読本』2019 年
2. 牧野知弘『不動産投資の超基本』東洋経済　2016 年
3. 中城康彦『建築プロデュース』市ヶ谷出版社　2019 年
4. 前川俊一『不動産投資のためのファイナンス入門』プログレス　2014 年

コラム

J-REIT 市場の推移　　藤原　徹

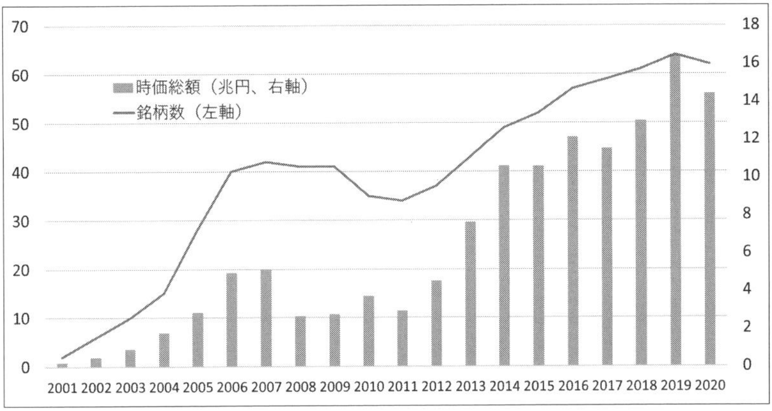

（出典）一般社団法人不動産証券化協会「J-REIT.jp」URL: https://j-reit.jp/（2021 年 5 月 30 日閲覧）

J-REIT 上場銘柄数・時価総額の推移

図は各年末における J-REIT の上場銘柄数（左軸）及び時価総額（右軸）の推移を表している。

2001 年 9 月に 2 銘柄が初上場して以来、J-REIT の市場は順調な成長を遂げていき、2007 年 5 月には、東証 REIT 指数（東京証券取引所に上場している全銘柄を対象とした時価総額加重平均の指数）が 2612.98 ポイントと史上最高値（2020 年 12 月末現在）を付けた。その後、リーマンショックや東日本大震災などによる厳しい経済環境により時価総額、銘柄数とも下落、停滞期があったものの、2012 年ごろから 2020 年初頭のコロナショックの前までは再び成長軌道に乗っていた。

2020 年末現在で、J-REIT の銘柄数は 62 にまで増加し、時価総額は約 14.4 兆円（2001 年末は約 0.2 兆円）となっている。アメリカの REIT の時価総額は日本の約 10 倍であり、日米の経済規模からみても J-REIT の市場は成長途上であると考えられる。

J-REIT の規模の成長とともに、用途や地域についても多様性が増している。表は 2020 年末時点で J-REIT が保有する不動産の用途別、地域別比率（取得価格ベース）を表している。用途についてはオフィスや住宅、商業施設だけではなく、ホテル、物流施設、ヘルスケア施設等にも投資されるようになってきている。地域については、国内にとどまらず、マレーシアやケイマン諸島など、海外に投資するケースもみられる。

2010年からは、日本銀行が金融緩和策の一環としてJ-REITを買い入れるようになった。2020年末での累計買い入れ額は約6,727億円（日本証券取引所グループ「月刊REIT（リート）レポート（2020年12月版）」）となっている。

J-REIT保有不動産の用途別、所在地域別比率

用途	比率
オフィス	40.3%
商業施設	16.8%
住宅	14.1%
物流施設	18.2%
ホテル	8.0%
ヘルスケア	1.3%
その他	1.3%

地域	比率
都心5区	31.6%
都心5区を除く東京23区	15.9%
東京23区を除く関東	23.7%
近畿	14.9%
中部・北陸	4.7%
九州・沖縄	4.5%
東北・北海道	3.1%
中国・四国	1.4%

（出典）一般社団法人不動産証券化協会「J-REIT.jp」URL: https://j-reit.jp/（2021年9月14日閲覧）

コラム

不動産投資の法　周藤利一

あらゆる投資において、収益の源泉はインカムゲイン（運用益）とキャピタルゲイン（売却益）であり、不動産投資の場合、次の通りである。

・インカムゲイン＝地代または家賃＋礼金のような返還義務のない一時金＋保証金のような返還義務のある金銭の運用益

・キャピタルゲイン＝譲渡差益（取得価格と売却価格の差額）。売却損が出ればキャピタルロス。

不動産投資の類型を大別すると、不動産そのものに直接投資する実物投資型と、証券化商品の売買を通じて行う証券投資型がある。

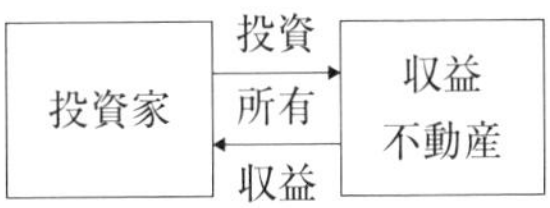

実物投資型スキーム

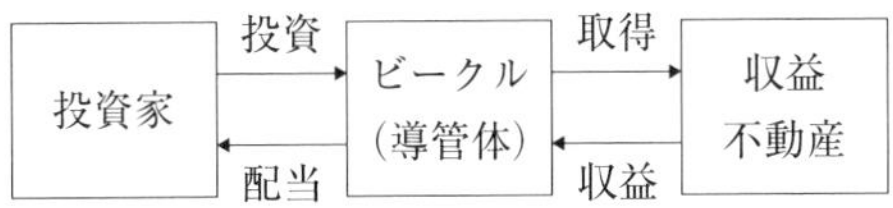

証券投資型スキーム

個人の場合、新たに土地を買い、あるいは自己所有地を駐車場などに賃貸したり、建物を建てて貸家・貸店舗として賃貸するスキームが典型である。

ここで、土地や建物を賃貸して収益を得ること（地主業・大家業）について免許や資格は不要であり、日本に居住しない外国人も不動産賃貸業を自由に営むことができる。

なお、2020年に賃貸住宅の管理業務等の適正化に関する法律が制定され、賃貸住宅を所有者から一括借り上げ、個々の入居者に転貸するサブリース業者（所有者に対しては賃借人、入居者に対しては賃貸人）に対する登録制度が導入された。

不動産証券化は、投資家が収益不動産を所有することなく、収益（配当）を受け取る仕組みと、配当を受ける権利を転々流通させることができる仕組みにより構成される。

前者の仕組みの中心的役割を果たすのがビークルである。ビークルの法的根拠、投資家とビークルの間の法律関係には、下表のような種類がある。

ビークルの種類	投資家とビークルの法律関係	主たる根拠法
信託の受託者	信託の委託者と受託者	信託法
匿名組合	組合員と組合	商法
特定目的会社（SPC）	社員と社団	資産の流動化に関する法律
投資法人	投資主と法人	投資信託及び投資法人に関する法律

注：株式会社、合同会社、任意組合も可能である。

後者の仕組みは、資産の流動化に関する法律（通称SPC法）と投資信託及び投資法人に関する法律に基づき構成される。

さらに、かつての証券取引法を2004年に全面改正した金融商品取引法（金商法）は、ビークルを活用した仕組みにおける投資家の権利を全て「みなし有価証券」とし、株式や債券といった本来の有価証券と同様に規律している。

これは、1994年に制定された不動産特定共同事業法に基づくスキームで、不動産会社があるビルについて共有持分権を投資家に販売し（出資を受け）、不動産会社がそのビルの賃貸を行い、最終的には売却してその収益を投資家に分配する事例が典型である。

しかし、金商法により投資家の権利が有価証券とみなされるようになったことから、現在は不動産証券化の一種に位置づけられる。

金商法は投資家をプロ（特定投資家）とアマ（一般投資家）に分けて、適合性の原則（顧客の知識・経験・財産の状況及び契約締結の目的に照らして不適当な勧誘を行ってはならない）などにより、アマに対する保護を手厚くしている。

参考文献

不動産証券化協会『不動産証券化ハンドブック』（各年版）
松本岳人『逐条解説　不動産特定共同事業法』、金融財政事情研究会　2015 年
松尾直彦『金融商品取引法［第 6 版］』、商事法務　2021 年

14 空き家・空き地を利活用する

齊藤広子・藤原　徹

《**目標＆ポイント**》 太郎さんと花子さんは、隣の空き家が気になります。そういえば、まわりに空き家・空き地が多くなってきました。どうして空き家になるのでしょうか。空き家を使って地域のコミュニティの拠点にできないでしょうか。なかにはとてもひどい状態の空き家があります。そうしたものを役所に撤去してもらえないのでしょうか。空き家・空き地の予防とその利活用の仕組みを理解しましょう。
《**キーワード**》 空き家対策法、所有者不明土地法、空き家利活用

1. はじめに

日本では、空き家・空き地の数が増加している。空き家は、総住宅のうち13.6%（2018年 住宅・土地統計調査）となり、空き家の存在が近隣や地域に良くない影響を与えている。そのため、空き家になることを予防するとともに、利活用が重要になる。さらに、空き地も増えており、世帯所有の空き地等が人口減少地域、首都圏では郊外部で多くなっている。また、空き家・空き地ともに管理が適正に行われていない、あるいは所有者が不明の不動産が存在している。そもそも、なぜ、空き家・空き地になるのか、これらの解消や利活用のために何が必要か、そのための基礎的な知識を学び、空き家・空き地を地域拠点とし、豊かな暮らしにつなげる方法もあわせて考えよう。

2. なぜ空き家になるの？

(1) 空き家になる理由

そもそもどうして空き家になるのか。空き家になる原因は多くあるが、その原因は、単純に人口や世帯数の減少だけではない。マクロにみれば、地方都市における人口の減少とそれによる空き家は、雇用や教育の機会、医療の水準等による地方都市の魅力の低下や欠如によるところがある。首都圏に限定した場合に、ライフスタイルの変化によるものがある。女性の社会進出から郊外部でバス便の地での子育て世帯の居住の困難さから郊外部での住宅需要の低下、その一方では、在宅勤務の推進により住宅需要に変化がみられる。さらにミクロにみると同じ地域でも、高齢化の進行等によるエレベーターがない住宅の需要が低下している。このように住宅をとりまく住環境の影響により空き家の進行がある。

以上のように、住宅需要の変化もあるが、不動産の制度がストック社会に対応していないことが空き家を進行させている。

第1に、住宅供給の総量規制はなく、むしろ新築住宅建設を奨励し、新築住宅の購入は中古住宅の購入に比べ、税等が有利になっている。第2に、住宅供給のエリア規制が実質なく実態として市街化調整区域や都市計画区域外への住宅建設が可能となっており、都市のコンパクト化を本格的に進めてきていなかった。第3に、外部不経済がある住宅でも、住宅があれば土地の固定資産税が1/6[1)] となる。つまり、空き家がまわりに迷惑をかけるから取り壊しをすると、現状よりも固定資産税が6倍

注1）住宅の敷地に利用している土地には以下のような減額措置がある。

	区分	固定資産税	都市計画税
小規模住宅用地	住宅の敷地で住宅1戸につき200m^2までの部分	価格×1/6	価格×1/3
一般住宅用地	住宅の敷地で住宅1戸につき200m^2を超え、家屋の床面積の10倍までの部分	価格×1/3	価格×2/3

となる。第4に、空き家対策法ができる前は空き家は個人の財産であるため、行政が空き家に関与することは困難であった。例えば、問題がある空き家であっても固定資産税情報として実質的な所有者の連絡先があっても目的外使用として行政内での開示も困難であった（地方税法22条による守秘義務）。また、問題のある空き家でも、財産権の保護から行政代執行は困難であった。第5に、空き家が借地権の場合に借地権割合に応じて清算する費用負担が大きく、地主はそうした費用を支払いたくないため手をつけない等の対応があった[2)]。

国民からみると、第1に、空き家などの不動産の利活用、処分に関する総合的な相談体制がない。第2に、不動産の保有に比べて処分にかかわる取引費用が高いことがある。売却しても不動産業者への手数料、登記費用、譲渡税などの支払いをすると、手間暇がかかるが、収入がほとんどないことになりがちである。第3に、空き家に関する総合的な対応、政策がない。現在住んでいる住宅にできるだけ長く居住し続けたいと考える高齢者も多いが、行政サービスや近隣のサポートの手が届かないため、退去せざるを得ない現状がある。つまり、居住や福祉の政策との連携が十分でないため、空き家となる事例がある。第4に、空き家を利用したくても、住宅の性能把握を容易に安価で行いにくい。また、耐震性が低いこと、用途変更が難しいことから利用しづらい。

民間企業からすると、第1に、不動産業の報酬は法で上限が決まっており、空き家の売買・賃貸は不動産業のビジネスとして成立しにくい。つまり、空き家の所有者を探すにも手間暇がかかるが、売買価格や賃貸料が低いため、不動産業者の手数料[3)]が少なくなり、割があわない業に

注2）地主は空き家の除去を借地権者に依頼し、借地契約を解除したいがそのためには借地権割合に基づいて費用を支払う必要がある。

注3）不動産の仲介手数料の上限は、売買の場合は、売買価格が400万円を超える場合は、（売買価格×3％＋6万円）＋消費税、賃貸の場合は、賃料額1カ月分＋消費税である。

なりやすい。第２に、従来の不動産業は開発、流通、賃貸、管理分野であり、空き家利活用を実践する空間プロデューサー機能に対応できる能力をもつ業者が多くない。

地域からみれば、第１に、空き家を使いたいが、登記簿を見ても所有者がわからない場合に所有者に連絡したくてもできず、所有者が誰かを行政から教えてももらえない。第２に、地域で空き家を賃借するにも費用負担が困難であり、所有するにもさらに費用負担が困難で、かつ、所有のための法スキームが用意されていない[4)]。また、町内会、自治会は任意組織で、空き家を保有し、運営するための資金力もなく、そこまでの活動が可能かの法的問題もあり、かつ、空き家の個人の財産権まで関与するのは難しい。

(2) 空き家による地域、近隣、都市への影響

空き家の存在は、地域、近隣、都市に以下の問題を生じることがある。空き家がまったくないと人々は居を移動できないため一定は必要であるが、その率は約５％という試算がある[5)]。また、空き家が約30％を超えると都市の破たんにつながるとの指摘がある[6)]。

第１に、地域に与える外部不経済である。住宅の手入れが行われないことによる虫やネズミの発生、木や雑草の生い茂り、人の目が届きにくくなることからゴミの不当投棄や犯罪の場になることへの不安、そして防犯性や防災性の低下、景観の悪化、老朽化した住宅による倒壊・崩壊の危険性といった、居住環境にマイナスの影響がある。外部不経済は、資産価値にも影響を与える。隣の住宅が適正に管理されていない場合には、近隣の住宅の流通に悪影響を与える。欧米では、明らかに資産価値

注４）地域の施設として集会所のみ、自治会での保有は可能である。

注５）浅見泰司「休閑地の都市問題 —周辺の土地利用をいかに有効に連携させるか」Evaluation　52号　2014年

注６）野呂瀬秀樹「我が国の空き家問題（＝地域の空洞化）を克服するために　ドイツの事例に学ぶ」Evaluation　52号　2014年

が下がり、イギリスでは資産価値が20%低下している[7)]。

第2に、地域の自治能力の低下がある。地震や台風などの災害時における共助への期待が高いが、日常時にも地域自治能力が求められる。人の目が届かなくなることから、防犯能力の低下だけでなく、ゴミ置き場の清掃、公園の清掃、地域情報の提供をはじめ、地域の見守りなど、地域での担い手が低下すれば、自治能力が低下する。

第3に、公共サービスの非効率化である。空き家の存在は場所によっては人口・世帯減少に起因するものが多く、その結果、住民税の減少などの行政の財政収入が低下する。そのため、住まいの立地エリアの制限など、行政サービス提供範囲を縮小しない限りは財政支出は減少せず、行政の財政状態が悪化することになる。

第4に、新たな不平等が発生する。問題のある空き家の所有者の特定、補助金による解体や改修、あるいは借り上げや利活用のための空き家バンク運営などを、税金を使っての対応がある。しかし、空き家所有者はその地域に不在であり、住民税を支払っているわけではない。周りに迷惑をかける空き家所有者は、適正管理をしている住宅所有者の税を使い、恩恵を得ていることになる。

空き家はこうして地域の負の連鎖を巻き起こし、都市の経営にもマイナスの影響を与えるため、予防や利活用、そして必要に応じての除去が必要となる。

3. 空き家は使えるの？　どうすれば使えるの？

(1) 空き家の利活用のために

空き家は使うことは可能である。使うためには、次のことを確認する必要がある。

第1に、空き家の所有者である。不動産は所有者の許可なく使うこと

注7）倉橋透「イギリスにおける空き家対策」都市住宅学80号　2013年

はできない。よって、空き家の所有者を特定する必要がある。そのためには、登記簿で所有者を確認することが必要である[8)]。

第2に、空き家の耐震性を診断することが必要である。空き家は古い住宅で旧耐震基準でつくられたものが多い。安心・安全に使うためには、耐震性が一定基準以上であること、耐震性が低い場合には耐震改修工事を行う必要がある。借りる場合には、工事の費用を誰が負担するのかの確認が必要となる。

第3に、空き家を借りる際に借家の利用可能な期間を確認する必要がある。借家契約には原則更新できる契約（普通借家契約）と、更新できない契約（定期借家契約）がある（第2章参照)。定期借家の場合には決められた期間が来れば契約が終了することになる。

第4に、空き家を借りる際に修繕やリフォームがどこまで可能か。家主が費用負担をしたくないあるいはできない場合に、借り手が費用を負担して、DIY 型賃貸借やセフルリノベーションといわれる方法が可能か（第2章参照）など、賃貸借契約の内容を確認する必要がある。

第5に、空き家を売買し、利用する場合には、土地の境界の確定を行う必要がある[9)]。さらに、接道条件を満たしているのか[10)]の確認も必要である。接道条件を満たさない場合は、再建築等が行えない（第8章参照）からである。

第6に、用途変更して利用できるかの確認が必要である。住宅以外に

注8）不動産の所有者を示す権利部の登記は義務ではないため、親が亡くなった後に、相続した人の所有者名が登記されないことがある。そのため、相続登記の義務化がすすめられた（民法・不動産登記法の改正、相続等により取得した土地所有権の国庫への帰属に関する法律成立 2021 年)。

注9）土地の境界は、公法上の制度として登記が定める土地境界（筆界）と、所有権などの私権対象としての土地の境界がある。これらは必ずしも一致せず、かつ公法上の境界の確認は登記簿になるが、登記簿では隣との合意で登記とは別の位置になっていることや揉めていて現在訴訟中であることは確認できないなどの課題がある。

注10）空き家の 1/3 以上が接道条件を満たしていないという報告がある（樋野公宏：『空き家問題をめぐる状況を概括する』雑誌住宅　2013.1)。

使う場合に用途地域や、地区計画や建築協定、景観協定等の地域のルール上問題がないか、また、シェアハウス等への用途転用は新たな法規制がかかり、建築確認が必要となり、図面や検査済証等が必要となることがある。こうした書類の存在の確認、及び整備が必要となる。

第 7 に、借地である場合には借地権設定者（地主）の、承諾が必要となる場合がある。借地には地上権と賃借権があるが、賃借権の場合には売買により権利を譲渡する際には、地主の承諾が必要となるからである（第 8 章参照）。また、借地期間の確認、更新が可能かどうかの確認も必要である。

使う場合には、以上のような確認が必要となる。

(2) 空き家予防のために

空き家にしない取り組みも必要である。第 1 に、中古住宅としての流通を促進することである。空き家になっていた場合には建物状況調査（インスペクション）を実施し、建物性能を把握し、適正な修繕や、耐震性が低い場合には改修により利用を促進する（第 10 章参照）。第 2 に、借家としての利用を促進する。空き家となる理由には、相続した建物所有者が「使い道が決まらず、なんとなく空き家にしている」事例が多い。長期的な展望をもち、空き家の利用方針が定まらない場合は、定期借家として貸すことができる（第 2 章参照）。また、空き家所有者がリフォーム費用を負担したくない場合には、DIY 型賃貸借の方法をとることもできる。第 3 に、地域の拠点としての利用もある。また、地域の魅力を高め、空き家予防の取り組みも必要である（第 15 章参考）。例えば、マンションでの空き家率は、立地に大きく左右されるのではなく、マンションの管理組合の取り組み状況によって異なっている。また、空き家率が高まると日常的な管理組合の運営（第 9 章参照）が困難になり、長期的な展望が立てにくくなっている。まちでも同様のため、地域による空き家にしない取り組みも必要である。

4. 迷惑をかけている空き家は役所に除去してもらえないの？

(1) 空き家対策法

地域や近隣に迷惑をかけている空き家は、空き家対策法（空家等対策の推進に関する特別措置法（2014 年公布））に基づき、行政が除去できる。本法律では、近隣や地域に迷惑をかける空き家を特定空家[11]とし、行政による除去や修繕の指導・助言、勧告、命令、さらに強制代執行を可能としている。また、固定資産税台帳等の情報の行政内の内部利用を可能とし、空き家のデータベースの整備、空家等対策計画の策定、市町村の空家対策協議会の設置、また、問題の空き家の宅地の固定資産税を 1/6 にする特例の適用対象除外も可能としている。

(2) 自治体などの対応

地方自治体レベルでは、条例の制定を含めて、空き家対応としてへの多様な対応がある。

住宅のエリア規制に関しては、都市再生特別措置法の改正（2014 年改正）により、コンパクトなまちづくりとするための立地適正化計画の策定、空き家の利活用エリアを都市計画マスタープランで位置づける（例、神奈川県横須賀市）などがある。固定資産税に関しては、空き家を除去した場合でも一定期間固定資産税を 1/6 にする対応をとっている場合（例、福岡県豊前市等）もある。空き家の総合的な相談窓口に関しては、空き家の利活用・業者の紹介・空き家バンクの登録・高齢者のた

注 11）そのまま放置すれば倒壊等著しく保安上危険となるおそれのある状態又は著しく衛生上有害となるおそれのある状態、適切な管理が行われていないことにより著しく景観を損なっている状態その他周辺の生活環境の保全を図るために放置することが不適切である状態にあると認められる空家等

めの転居先の斡旋、耐震診断や修繕の紹介などの総合的な窓口整備（例、千葉県流山市）がある。また、京都市では「地域の空き家相談員」（不動産業者）を研修し、相談員として位置づけ、その情報を開示し、市民が身近なところに訪ねていける体制が構築されている。

空き家・空き地を地域で利用できる体制がある。京都市では空き地や建物除去後の跡地を「まちなかコモンズ」として利用する場合は固定資産税の非課税、あるいは流山市では固定資産税分の補助など、地域が使える仕組みが整備されつつある（例、神奈川県横浜市（空家活用マッチング制度、空家活用・専門相談員派遣事業）、石川県金沢市（地域連携空き家等活用事業）、兵庫県神戸市（空き家等を活用した地域活動助成モデル事業）など）。

(3) 海外の空き家対策[12)]

海外でも空き家が進み、空き家問題が深刻になっているのか。空き家の定義や空き家の統計が同じではないから、単純に比較することはできない。しかし、アメリカでは空き家率は 12.7％（2017 年）、ドイツでは 4.4％（セカンドハウスを除く、2011 年）、フランスでは、8.3％（セカンドハウスを除く、2016 年）、イギリスでは、2.5％（セカンドハウスを除く、2016 年）である。フランスやドイツ、イギリスで空き家率が高くない理由の１つに人口が増加していることがある。しかし、空き家が増えると、まちが衰退する傾向がある。そのため、アメリカでは、空き家対策としてランドバンクや財産管理人の活用がある。廃棄された住宅を取得し、解体や保全などを行い、再利用を図る公共的な非営利組織がランドバンクに取り組んだり、空き家・空き地を取得し、管理運営を行うコミュニティ・ランド・トラストがある。ドイツでは、地域の再生として空き家問題に取り組み、フランスでは民間企業と役所が連携し、空

注 12）主に参考文献 2 を参考としている。

き家を再生する取り組みがある。イギリスでは、空き家率が高い地域で、役所が空き家を買い上げて、売却する等の取り組みがあり、空き家対策は、公と民が連携し、まちや都市づくりとの関係で行われている。また、空き家税の導入（フランス）、空き家管理令による利用権の収用（イギリス）など、利活用の促進とともに、管理適正化のための行政関与が特定空家の状態になる前からみられる。

5. 所有者不明土地を地域で使うには？

(1) 空き地、所有者不明土地の現状

空き地も適切に管理されなければ、空き家と同様に周辺への悪影響を及ぼす。国土交通省の「土地基本調査」によれば、法人が所有する空き地は減少傾向にあるのに対して、世帯が所有する空き地（及び原野など）は増加傾向にある（平成25年、平成30年の調査でそれぞれ981km^2、1364km^2）。世帯の所有する空き地は、個々の所有者の都合により散発的、離散的に発生し、法人所有の空き地に比較して小規模なので、利活用の方策も制約を受けやすい。相続や贈与で取得するケースが多いことが一因と考えられる。

空き地を有効に利活用する際の障壁の1つが、所有者が不明な土地である。「所有者不明土地」とは、不動産登記簿等の公簿情報等により調査してもなお所有者が判明しない、又は判明しても連絡がつかない土地をいう[13)]。平成28年度の地籍調査では、約20%が土地所有者の所在を登記簿からは把握できなかった。そのうちの約67%が相続時の所有権移転の登記がなされていなかったことが原因であり、約32%が住所変更の未登記が原因であった[14)]。追跡調査の後にも所在不明だった土地は全体の約0.4%ではあるものの、追跡調査にかかる時間や費用は無視で

注13）国土交通省資料「所有者不明土地問題に関する最近の取り組みについて」（https://www.mlit.go.jp/common/001290035.pdf）（2021年9月14日閲覧）
注14）国土交通省資料「所有者不明土地の実態把握の状況について」（https://www.mlit.go.jp/common/001201304.pdf）（2021年9月14日閲覧）

きない。

(2) 空き地、所有者不明土地の利活用

空き地の適切な管理として、①条例による管理（例、三重県名張市、静岡県浜松市など）や、②地域住民による主体的な管理（例、三重県伊賀市など）の事例がある[15)]。また、利活用の事例としては、①暫定利用による需要の創出（例、埼玉県深谷市など）、② NPO主体の小規模連鎖型区画再編事業（例、山形県鶴岡市）や隣地取得の斡旋（例、埼玉県毛呂山町）といった、地域の実情に即した土地の権利移動・設定を通じた土地需要の創出、③需要と供給のマッチングの支援（例、千葉県柏市など）がある。

所有者不明土地の利用の円滑化等に関する特別措置法（平成30年6月公布）を基に、所有者不明土地を円滑に利用する仕組みづくりがなされるようになってきた。公共事業における収用手続きの合理化・円滑化（所有権の取得）や地域福利増進事業の創設（使用権の設定）などがそれにあたる。これらの仕組みづくりは、取引費用を下げることによって、潜在的な土地利用の需要を喚起するので、社会インフラ整備の一種であると考えることができる。

地域福利増進事業は、ポケットパーク、イベントスペース、まちなか防災空地といった一部の公共事業や、直売所や移動式コンサートホールといった、周辺で不足しているものが対象となる。

地域福利増進事業においては、土地の所有者の探索や都道府県知事への申請、補償金の供託といった追加的な時間、費用を必要とする。公共事業であればその費用対効果、民間企業ベースであれば採算性は他の事業同様に問われるので、地域福利増進事業が軌道に乗るかどうか今後の動向を注視していく必要がある。

注15）空き地の管理の事例、利活用の事例は、平成29年度版土地白書による。

6. まとめ

空き家・空き地は近隣や地域に迷惑をかけることがある。それゆえに、不動産所有者は責任をもち、管理することが必要である。また、空き家・空き地問題の予防や利活用のために、空き家・空き地の所有者、行政、不動産事業者、地域でのそれぞれの取り組みと、不動産制度の再編が求められている。

つまり、空き家・空き地問題は、日本で長く当たり前のように行ってきた、新築重視、建設重視、縦割り体制が、社会にあわなくなってきたことの現れでもある。空き家・空き地問題の予防と解消には、民間どうしの新たな連携、公のなかでの新たな連携、そして民間と公の連携など、不動産を取り巻く体制の再編が必要になる。

学習課題

1. 身近なところに空き家・空き地がないだろうか。どうして、空き家・空き地になっているのかを考えてみよう。
2. 地域に貢献する形で、空き家・空き地を利活用している事例を探してみよう。誰がどんなことをしているのか。こうした利活用を促進するには、どんなことが必要かを考えてみよう。

参考文献

1. 浅見泰司　編著『都市の空閑地・空き家を考える』プログレス　2014 年
2. 米山秀隆編著『世界の空き家対策：公民連携による不動産活用とエリア再生』学芸出版社　2018 年
3. 平修久『アメリカの空き家対策とエリア再生　人口減少都市の公民連携』学芸出版社　2020 年

4. 山野目章夫『ストーリーに学ぶ所有者不明土地の論点』商事法務　2018年
5. 法務省HP：成年後見制度・成年後見登記制度Q&A。
http://www.moj.go.jp/MINJI/minji17.html（2021年5月31日閲覧）
6. 日本信託協会HP：信託について。https://www.shintaku-kyokai.or.jp/trust/'（2021年5月31日閲覧）

コラム

日米のランドバンク　周藤利一

(1) アメリカのランドバンク

アメリカでは、住宅価格が高騰している地域がある一方で、地域経済の衰退や人口減少にともない、空き家・空き地、廃棄された不動産が増加している地域が2000年代に増加した。これら地域で、問題解決に当たる非営利組織として2つの種類がある。

その1つは、コミュニティ・ランド・トラスト（Community Land Trust：CLT）であり、住民の代表として地区内の空き家・空き地を取得・管理運営し、地区の価値を高める活動を行っている。CLTには自治体主導の組織もあるが、住民中心で設立されたものが多い。

もう1つは、ランドバンク（Landbank）である。この仕組みは、何らかの理由で利用されなくなった不動産を、行政が関与する非営利組織が取得・保有しながら、法的・経済的問題点を解消し、地域のニーズに適合した形で市場に戻したり、保全することを目的としている。

アメリカのランドバンクの歴史は、1970年代に始まるが、製造業の衰退にともなう空き家・空き地問題の深刻化に対応するため、2000年代に入りブームが生じた。その基本的なスキームは、州が法律を制定して自治体にランドバンクを設立する法的根拠を与えるものである。

そして、2007年のサブプライムローン問題により、住宅ローンを返済できず、金融機関に差し押さえられたものの、競売もできない住宅や、税金を滞納したまま放棄された不動産が全米各地で急増した。そこで、これに対する対策の実施主体としてランドバンクが位置づけられ、連邦政府は近隣安定化プログラムを創設し、税金滞納のある不動産に加え、90日以上空き家状態にある不動産も取得対象とし、必要な予算が連邦政府から州や自治体に配分された。さらに、ランドバンクの設立も補助対象となり、設立書式・手続きガイドラインを整備するなど連邦政府としてランドバンクの設立を促進している。

(2) 日本のランドバンク

日本では、ランドバンクに先行する形で空き家バンクが多くの自治体で設立されている。それらは、自治体のホームページで空き家情報を公開し、所有者と購入・賃借希望者とのマッチングの機会を提供する形態が中心である。

日本のランドバンクは、個々の空き家の利活用にとどまらず、地域の面的な改善を目的として設立されている。第1号は山形県鶴岡市のつるおかランドバ

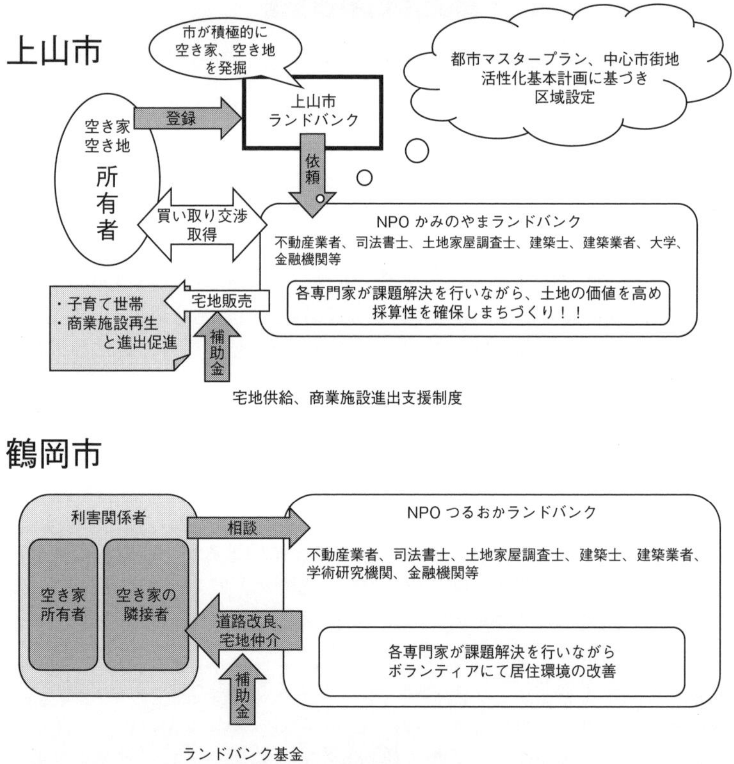

（出典）明海大学不動産学部小杉学准教授作成

（図）上山市と鶴岡市のラングバンクの比較

ンクであり、その最大の特徴は、「小規模連鎖型区画再編事業」を生み出したことである。この事業は、隣接する、荒廃住宅、無接道住宅、危険家屋、狭あい道路、行き止まり道路を個別に解消するのではなく、一体的（面的）に整備する事業であり、法律に基づかない任意の仕組みである。

同じ山形県の上山市では、かみのやまランドバンクが空き家・空き地問題の解決に関する事業を行い、良好で快適な都市づくりに寄与することを目的として、2019 年に設立された。このランドバンクは、空き家バンク、連鎖型整備を行うランドバンク、空き家の発生防止を目的とする住み替えバンクという 3 つの機能を果たすことを目指している。

参考文献

米山秀隆・小林正典・室田昌子・小柳春一郎・倉橋透・周藤利一『世界の空き家対策』、学芸出版社　2018 年

15 不動産によりエリア価値を上げる

齊藤広子・中西正彦

《目標 & ポイント》 太郎さんと花子さんは、住んでいる地域についての関心が高まってきました。人も年を取ってきましたが、まちも年を取ってきました。近くのマンションが建替えるらしいのですが、マンションの建替えってどうするのでしょうか。住宅地もマンションのように新しく再生できないのでしょうか。住み手主体の住まいや住まう環境など、不動産の価値を上げる方法を理解しましょう。
《キーワード》 マンション建替え、住宅地の再生、エリアマネジメント

1. はじめに

SDGs（Sustainable Development Goals）は、2015 年に国連サミットで採択された世界共通の「持続可能な開発目標」である。貧困や飢餓をなくし健康、教育、医療、言論の自由やジェンダー平等など、人間が人間らしく暮らすための社会基盤を 2030 年までに達成することを目指し、17 のゴール・169 のターゲットから構成される。地球上の誰一人として取り残さない（leave no one behind）こととし、すべての国や人が取り組むことを目指している。まちづくりの視点からは目標 11 の「住み続けられるまちづくり」で、都市部だけでなく地方創生にもつなげること、災害に強いこと、誰にとってもやさしいまちであること等が期待される。安心・安全で誰もが暮らしやすい社会を目指し、持続可能なまちづくりの視点から不動産のマネジメントとして、マンション、住宅地の再

生など、人々が助け合い、つながり、地域の価値を上げる仕組みとその実践を考えていこう。

2. マンションって永遠に使えるの？

(1) マンションの建替え

①マンションの建替え

マンションは永遠に使えるわけではない。計画的に修繕をしてもいつかは物理的な寿命としての劣化（物理的老朽化）、社会的水準との乖離から陳腐化（社会的・機能的・経済的老朽化）する。よって、劣化や陳腐化である老朽化に備えて、人々の暮らしを豊かにするために再生することが必要となる。その１つの方法に建替えがある。

マンションの建替えとは、区分所有者が合意し、古い建物を解体し、新しい建物を開発することである。今までの建替え事例をみると、マンションの物理的な劣化よりも、陳腐化が原因の場合が多い。マンションでは、築30年を超えると、2～3度目の大規模修繕・給排水管の修繕、設備の取り換えなどの修繕費用負担が高くなる。特に、初期に供給されたマンションは、耐震性が低く、専有部分では住戸専有面積が狭い、洗濯機置場がない、電気容量が低い等、共用部分ではエレベーターがない、駐車場が少ないなど、建物の質が低い、あるいは共用施設が豊かでない等がある。そのため、当初に供給された建物の水準を維持する修繕だけではなく、物的向上をともなう改善を行う必要があり、これが建替え要求につながっている。

②マンションの建替え決議

マンションでは複数の区分所有者が存在する。複数の区分所有者がいるなかで建替えをするかどうかをどう決めるのか。建替えをするという決議は、区分所有者が全員集まる総会を開き、「建物を取り壊し、かつ、当該建物の敷地の全部もしくは一部を含む土地に新たに建物を建築する旨の決議をし」(区分所有法)、区分所有者及び議決権の両方とも5分の4以上の賛成を得られると成立する。例えば、反対する人がいても多数決で決められることになる。よって、一人ひとりの区分所有者が責任をもち、意思表示をすることが重要になるために、建替えに必要な費用はどのくらいかかるのか、修繕と比べるとどうかなどを十分に各自が検討した上で、総会で決議することになる。そのため、決議をする総会の招集の手続きは、会日(かいじつ)よりも少なくとも2ヶ月前に連絡し、決議の1ヶ月前には説明会を行うことが求められている(区分所有法)。このように、マンションの建替え決議は、区分所有法に従い、かつ各区分所有者は資料を十分に見て十分な時間をかけて検討した上で、各自が責任をもって建替えの決議に参加することになる。

③マンションの建替え事業の円滑化のために

マンションの建替え決議が成立したあとは、区分所有法に従い、決議の際に建替えに賛成でなかった人(例えば、決議に出てこない、何も言わない人)に参加するかどうかの確認を行う。建替えに参加しない人々の建物の権利や敷地利用権を時価で売り渡すように請求をすることになる。つまり、権利を集約し、財産権を経済的対価をもって補償することになる。

さらに、事業を円滑に進めるために、マンションの建替え等の円滑化に関する法律(マンション建替え円滑化法)に基づき、進めることが可能である。建替え合意者で建替え組合をつくり、知事の認可を受け、事業を進める。建替え組合は、組合員の4/5以上の合意及び関係権利者の同意により、権利変換計画を定め、知事の認可を受ける。認可を受けた権利変換計画に従い、区分所有権、抵当権等の関係権利が再建されたマンションに移行することになる。また、建替え組合は権利変換計画についての総会の議決に賛成しなかった組合員に対し、その区分所有権等を時価で売り渡すことを請求できる。賛成しなかった組合員は、組合に対して、その区分所有権を時価で買い取ることを請求できる。施行者・地方公共団体・国は、建替えにともない、住む場を失う人がないように、賃借人も含めた居住の安定の確保のための対応が必要となる。

つまり、マンションという不動産の再生は、区分所有者が主体となり、法に基づいて合意形成、合意形成できない場合には経済的対価を用いての事業の進行、さらに、個人や企業で決めたことを、行政が認可や支援という形で対応することで、再生事業が円滑に進むスキームが整備されている。

マンションが複数棟ある団地型マンションでは、「棟別建替え（棟ごとの建替え）」、または、「一括建替え（団地全体の建替え）」があり、市街地再開発事業としてまちと連携し、再生が行われる場合もある。また、多数決による敷地分割も可能である。

建替え以外の再生のメニューとしては、大規模な改修、耐震補強と改修、マンションを解体し敷地を売却し、区分所有関係を解消し、各自が新たな暮らしを再生する方法もある。

(2) 暮らしの再生、コミュニティの再生

使える建物を取り壊し、新たに建物を建設することは環境の側面からみても望ましくない。しかし、マンションの建替えは単に物理的な再生を求めているのではなく、暮らしやコミュニティの再生も目指している。そのために、建物を再生しなくても、暮らしやコミュニティを再生する方法の実践も必要である。若い世代の入居の促進、必要なサービスの提供として、子育て支援や高齢者支援、高齢者などの住宅地内・外への移動支援、コミュニティバスの運行、カーシェアリング、買い物代行、

お食事会・おしゃべり会の実施など、多様な取り組みがみられる。こうした持続可能な取り組みには、基盤となる組織や人材、活動資金の確保、関係者間の協力体制が必要となる。

3. 住宅地でもマンションみたいに再生できないの？

(1) 住宅地の再生

住宅地やまちでも再生は可能である。

イギリスのレッチワースガーデンシティは1905年から入居が始まったロンドンから50キロ離れたところにある、いわゆる郊外に立地する都市である。1905年からときがたち暮らし方が変わり、大型スーパーが必要だ、役所が狭くなった、コルセットが使われなくなったのでコルセット工場は必要ない、車社会に対応する必要があるなど、社会のニーズに対応したまちへの変化が求められ、それに応じるためにまちは再生し続けてきている。まちに住む人の暮らしの価値を上げるために、物理的な側面だけでなく、暮らしやコミュニティを豊かにする再生の取り組みが実践されている。

レッチワースは、ハワードの田園都市構想に基づき、土地を切り売りするのではなく、リースホールド[1)]でまちがつくられてきた。その土地を所有するのが、当初は田園都市株式会社、公社、そして1995年からはレッチワースガーデンシティヘリテージ財団である。5,500エーカーの土地（当初3,818エーカーから拡大）の45％が居住用に利用され、14,000世帯、34,000人が居住し、戸建て住宅、2戸1住宅、長屋建て、共同住宅がある。

財団は居住者の食料の確保、楽しみや安心の提供のために農場、映画館、博物館、病院を所有・経営し、病院までのバスの運行等を行う。ま

注1）イギリスでは土地と建物は一体の不動産である。不動産保有権は大きくはリースホールドとフリーホールドに分れる。フリーホールドとは「自由土地保有権」であり、わが国の所有権に近い。リースホールドは「賃借土地保有権」と訳され、期間限定利用権で、長期のものはわが国の定期借地権（地上権型）に近い。

た、財団は大きなコモン広場など他のまちにない、豊かな共用スペースを所有、管理し、その延長として公共空間の開発や維持管理を行政と協議をして行う。よい環境をつくるためには、各自が勝手に住宅を建てるのではなく一定のルールの下で建設、修繕や増改築・建替えをするようにデザインガイダンスに基づいてコントロールする。そのために、景観を考慮した修繕には補助金を支払う。また、レクレーションの提供や地元居住者活動（クラブ活動やサークル活動）への補助等を積極的に行う。財団の活動の経済的基盤は、土地をリースホールドで貸すなど、不動産を所有・経営し、そこから収入を得ていることである。よって活動のための主な収入は保有不動産の賃貸料で、全体の約 8 割を占めている。そのため、住宅地の居住者や地域の不動産所有者から管理費を徴集していない。財団は専任のスタッフや専門家の雇用を行い、活動範囲は地域住民個人では解決困難な問題の予防・解決のため多様な取り組みを行い、持続可能なまちの開発、そして管理・再生を実現している。

財団はまちのマネジメントの方針を行政や住民代表と協議する。住民の意向を踏まえた組織運営をするために、住民代表選出方法を細かく規定し、さらに全居住者に対する集会を開き、年次決算と予算の報告を行う。

なお、レッチワース財団が行政との協働の権限をもつことは、ヘリテージ財産法（1995 年）で位置づけられている。また、個々の不動産利用にコントロールの権限があるのは、地主として住宅居住者との借地契約（リースホールド契約）のなかで、カベナント等を守ることが位置づけられるからである。

(2) 持続可能な開発

レッチワースのように、持続可能なまちにするためには、まちをマネジメントする体制を開発時から設定することが重要になる。第1に、マネジメントの主体である。第2に、マネジメントに必要な費用の賦課権あるいは収入元の確保である。第3に、個々の不動産の私権をコントロールし、全体の価値を創る体制である。

よって開発の仕方として、第1に、地域の魅力を保有・管理【空間保有管理機能】する仕組みとする。道路や公園を魅力的にし、地域でもち、管理する住宅地も増えている。また、それらを所有しなくても地元自治体と管理協定を締結し、地域が日常管理を行うことで、他地区とは異なる魅力空間・デザインの実践が可能となり、かつ地域の人の目が届いた地域空間となっている。第2に、地域で不動産利用のコントロール【不動産利用コントロール機能】をする。例えば、建築協定、建築のガイドラインなどの段階的なルール、地区に応じた運営方法、ルールの認知を高める広報活動、専門家の支援、行政との連携などが重要になる。第3に、地域に必要なサービスを提供【サービス提供機能】する。例えば、空き家を使ったサロン、おしゃべりの会、高齢者用の弁当作り、子育てや高齢者用の支援や、空き地を使っての家庭菜園、駐車場経営などがある。第4に、空き家・空き地が増加すると、地域に元気がなくなり、治安上もよくない。ゆえに、不動産の有効活用は地域を元気にする鍵となる。そこで、地域による、地域と家主、賃借人を結ぶ「家守」制度をはじめとした、地域の【不動産利活用・再生機能】である。

(3) 価値をつくり育てるのは地域の主体

レッチワースでは財団が主となり、地域の不動産のマネジメントを通じて地域の価値を上げている。エリアマネジメントである。住まう環境の価値をつくり、育てるのは地域である。従来の都市計画・まちづくりでは行政が主体で、そこに住民・地域が参加していた。それでは価値をつくり、上げることに限界がある。こうして、住環境の質の向上は、行政による補助金や規制や誘導に頼るのではなく、地域が求める方向へ、市場のメカニズムを利用して達成することが必要である。これが不動産のマネジメントによるエリアマネジメントで、地域主体による地域の経営、不動産の価値を上げる取り組みになる。行政の役割は、地域が目標を達成しやすくするための体制の構築、基盤づくりである。

4. 日本でもエリアマネジメントの取り組みはあるの？

(1) 日本の住宅地におけるエリアマネジメント

地域の主体（住民や企業、団体など）が連携し地域の価値を上げようとする取り組みとして、日本でもエリアマネジメントがみられるようになってきた。多くは商業・業務核地域で行われており、大手町・丸の内・有楽町地区（東京都千代田区）や天神地区（福岡県福岡市）などの先駆例のほか、今日では様々な地区での取り組みがある。商業地で多い理由は、収益事業を行いやすく、人のにぎわいを呼ぶことが不動産価値の向上にも直結するため、様々な主体が合意してエリアマネジメントに取り組みやすいからである。それに対して住宅地は、むしろ落ち着いた環境が望まれ、収益事業も行いにくいため、複数の主体が連携して取り組む体制をつくることや活動費の獲得が相対的に難しい。しかし、魅力的な住環境をつくるだけでなく持続させていく必要性から、住宅地のエリアマネジメントも必要とされるようになり、実際の取り組み例も増えてきた。

エリアマネジメントの要点は、推進体制、人材（主体を含む)、活動資金、不動産のコントロール権、これらを実際の地区にどのように実現していくかが重要であり、難所でもある。

(2) 開発時のマネジメント体制構築

住宅地を新しく開発する際にエリアマネジメントの仕組みを組み込む例がある。魅力的な住宅地をつくるには、道路や敷地割等の計画だけでなく、住まいの建物、みどり等も十分配慮してつくられなくてはならない。そして、開発後も環境を持続するためには、地区計画や建築協定といった法制度上のルールを用いるだけでなく、地域のコミュニティが組織として形成され、適切に活動し管理や改善がなされていかなくてはならない。しかし、住民によるそのような体制の自発的な構築は容易ではない。そこで開発時にあらかじめ仕組みをつくり、取り組みを始めることが有効なのである。そのような例を以下に挙げよう。

浜見平地区（神奈川県茅ケ崎市）では、団地建替え事業にともなう地域の魅力向上と新旧住民の交流を促進したコミュニティ形成の必要性などから、住民有志を開発事業者などが支援してNPO法人を設置し、マネジメント活動に取り組んでいる。「多世代のつながりを生み出す」「まちを元気に、暮らしを楽しくする」「まちを美しくする」「地域の暮らしを守る」といった4つのテーマを掲げ、コミュニティ交流拠点を設置して活動を展開している。交流拠点の設置はマネジメントの要となり得るが、一方で賃料等コスト面での負担が課題でもある。

のぞみ野地区（兵庫県姫路市）は全298区画の戸建住宅地である。世代を超えて住み継がれるまちを目指し、美しいまちなみやみどりの景観とともに、エリアマネジメントの仕組みが当初より内包されてつくられた。開発段階から住環境の継続的な維持管理を重視し、プラットフォームとして区分所有法に基づく管理組合を組成しているが、これは日本の戸建住宅地には珍しい仕組みである。開発事業者の先導のみならず、住民の主体的なかかわりを誘導し、住み続けるにしたがって住民自らがまちを守り育てるようになっていくものとなっている。空間のみならずその仕組みが評価され、2014年にはGOOD DESIGN賞、2019年には都市景観大賞都市空間部門優秀賞を受賞している。

(3) 既成住宅地の再生とエリアマネジメント

既成の住宅地では、すでに生活の歴史が積み重なり地域のコミュニティ構造も確立していることから、新たなエリアマネジメントの取り組みを行うことは一般的に難しい。しかし、近年の人口減少や地域の衰退を背景に、既成の住宅地でエリアマネジメントの体制を構築しようとする例が出てきている。

上郷ネオポリス地区（横浜市栄区）は、1972年に居住が始まった大規模な郊外戸建住宅地である。しかし、数十年の経過によって高齢化率は約50％となり、鉄道駅から遠くバス利用が必須である立地条件と相まって、人口減少や商業店舗の閉店等が地域問題となった。これに対して当初の開発事業者と自治会が協定を締結し、大学や公的団体も参加して「上郷ネオポリスまちづくり協議会」を発足、課題への対応を協議検討してきた。現在、「多世代コミュニティの形成」「住民主体の施設運営・管理により新しいサービスと生きがい創出」「高齢者や子育て層などに就労の場を提供」を目的として、コンビニエンスストア併設型のコミュニティ施設「野七里テラス」をオープンし、施設運営の実証を行っている。

金沢シーサイドタウン地区（横浜市金沢区）は、横浜市の6大事業（1965年提唱）のひとつである埋立地にアーバンデザインの手法を適用して造成された集合住宅団地群である。約2万人の人口を有し、魅力的な住空間をもつ地区であるが、1978年の居住開始から40年以上が過ぎ、やはり高齢化と人口減少による地域課題が増加してきた。これに対し、大学の地域活性化の取り組みを端緒として、地域住民と行政だけでなく地域内外の事業者を巻き込んだエリアマネジメント体制が発足した。現在は一般社団法人のもと「あしたタウンプロジェクト」として、地域拠点「並木ラボ」を中心に、地域住民の生活支援、住まいの管理、公共空間マネジメント、地域ブランディングなどの活動が展開されている。

新規開発にせよ既成にせよ、住宅地でエリアマネジメントの体制を実現するには、地域住民の努力はもちろんだが、行政や事業者のサポートも重要である。活動推進や事業費の確保等のノウハウの共有も欠かせない。それらのためには法制度も重要であるが、日本ではその整備が進んでいるとは言い難い。今後、先駆的な事例の経験が社会的な仕組みへと反映されていくことが必要とされている。

5. まとめ

なぜ、住民の協働やエリアマネジメントにより不動産とエリアの価値を上げることができるのか。第1に、将来に向かい目標がある。地域の人が誇りに思い、守り育てたいもの、目標を共有している。第2に、守り育てる主体とルールがある。建築のルールとともに、運営のための組織と民主的な運営のルールがある。そして、方針決定の場があり、決まった方針に従うルールがある。第3に、マネジメントのためには費用が必要となるが、その賦課権や地域自らの経営により収入を得るなどの仕組みがある。第4に、地域が自らのために行うことで、自らにあったきめ細かな対応が可能となる。画一的ではない地域らしさ、それが地域の魅力、満足となる。それだけでなく経済的・効率的でもある。第5に、不動産のマネジメントを通じて人々がふれ合う。人と人がふれ合うことで大きな価値が生み出され、地域のなかで生きた知恵が湧く。第6に、人々が地域で果たすべき役割を見つけられる。それによって地域での居場所ができ自発的に行動できるようになる。そして第7に、人をあてにせず自発的に地域で実行した結果は、必ず地域にかえってくるのである。

こうして、地域で合意をとり、まち、不動産の価値を上げるエリアマネジメントの実践が進んでいるが、それをさらに普及させるには、公法、私法、市場の連携など、つまり、適正に成立するための社会システムの整備が必要である。そして多様な人々が多様な項目で多様な状態で合意を取るためには、ときには合意の前提条件として金銭的補償を含めることが必要となる。つまり、空間と法律と経済の関係の強化体制が求められる。さらに、地域で合意がとれ公共のサポートを得られた場合には、より柔軟にあるいはより地域に合った方法で実践できるように規制を緩める等の仕組みがあれば、より地域が個性化、活性化する。そのためには、私法と公法の強化体制が必要となる。

以上のように、これからの時代には、暮らしを豊かにするためには、空間を取り扱う工学をはじめ、公法と私法の法律、経済・経営等を総合化した不動産学が求められ、それらを駆使し、安心で安全で豊かな暮らしを実現することが必要である。地域の価値、不動産の価値を上げる主体は暮らしの主体者の時代になったのである。

学習課題

1. 自分の住んでいるまちやまわりのまちを見て、エリアマネジメントの実践を探してみよう。
2. 不動産の価値を下げている、地域の問題を探してみよう。

参考文献

1. 齊藤広子『住環境マネジメント』学芸出版社　2011年
2. 齊藤広子・中城康彦『コモンでつくる住まい・街・人』彰国社　2004年

コラム

不動産の価値を上げる法　周藤利一

このコラムでは、不動産の価値を上げる仕組みとして法制度上や実務上の手法を取り上げる。

まず、個別の不動産の価値を上げる仕組みとして、デザインの工夫により魅力を高め、差別化を図ることは、広く用いられている手法である。次に、性能・機能を向上させて、建築基準法で定める最低限の基準を上回る不動産を形成することが挙げられる。

住宅の場合、第7章のコラム「住宅の質と基準」で解説した住宅性能表示制度による高い等級を得ることや、第8章で解説した長期優良住宅にすることにより、高い性能・機能が公的に保証された住宅にすることができる。なお、これらの仕組みは、新築でも中古でも可能である。

住宅以外の建築物の場合、環境不動産への取り組みが挙げられる。近年、機関投資家や金融機関が投資先や融資先に対してESG（環境・社会・ガバナンス）への配慮を求める動きが拡大しており、また、SDGs（持続可能な開発目標）が国際社会全体の目標として共有され、経済・社会・環境をめぐる広範な課題に総合的に取り組むことが重要とされている。具体的には、不動産の環境性能評価（日本のCASBEE、アメリカのLEED、イギリスのBREEAMなど）で高い評価を受けることにより投資家や金融機関の信認を得ることができる。

国土交通省ESG不動産投資・環境不動産ポータルサイトを参照されたい[i)]。

第2の手法は、不動産の利用価値を上げることである。

最寄駅から遠いという立地条件の不利な賃貸アパートで、徒歩圏外であることを逆手にとって、1階をバイクの整備・駐車スペースにして、ライダー専用の賃貸物件として供給し、周辺の普通のアパートより高い家賃設定を可能にした事例がある。

また、第2章で解説したDIY型賃貸借や、賃貸人が事前に入居者の希望を聞いてリフォームする仕組みは、居住満足度の向上という面で賃貸物件の価値を上げる手法である。

3番目の手法は、集合体としての価値を上げることである。

第4章で解説した地区計画や建築協定、緑地協定、景観協定という法制度は、個々の建築物の価値を高めるだけでなく、対象地域全体の価値も上げる効果があり、理論的には地価の上昇に反映される。

また、本文で解説した海外の取り組みや、日本での多様な取り組みは、集合体としての不動産の価値を上げる良い手法として評価できる。

さらに、地域における良好な環境や地域の価値を維持・向上させるための住民・事業者・地権者等による主体的な取り組みであるエリアマネジメントが世界各国で普及しつつある。日本では特に商業地でエリアマネジメントが活用されており、地域の魅力と価値を高める活動が各地で展開されている。

エリアマネジメントの課題は、実施主体の財源不足である。アメリカ、イギリスやドイツでは、BID（Business Improvement District）という制度があり、自治体が地権者から徴収した負担金をエリアマネジメント団体に交付している。日本では、3分の2以上の事業者の同意を要件として、エリアマネジメント団体が実施する地域再生に資する活動に要する費用を、その受益の限度において市町村が活動区域内の受益者（事業者）から徴収してエリアマネジメント団体に交付する地域再生エリアマネジメント負担金制度が創設されている。

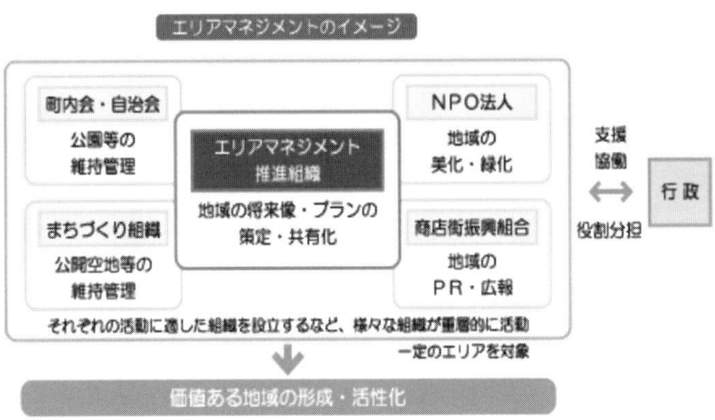

（出典）国土交通省HP

（注）

i）https://www.mlit.go.jp/totikensangyo/totikensangyo_tk5_000087.html
（2021 年 5 月 30 日閲覧）

参考文献

長谷川貴陽史（2005）、『都市コミュニティと法―建築協定・地区計画による公共空間の形成』、東京大学出版会

小林重敬・森記念財団編著（2018）、『まちの価値を高めるエリアマネジメント』、学芸出版社

明海大学不動産学部・不動産流通推進センター（2019）、『地域価値の向上に資する不動産ストック活用事例と考え方』、不動産流通推進センター HP

索引

●配列は五十音順、アルファベット順。

●さ　行

●た　行

●な　行

●は　行

分担執筆者紹介

中西　正彦（なかにし・まさひこ）

・執筆章→3・4・15(4)章

1970年　神奈川県横浜市に生まれる
2000年　東京工業大学大学院社会理工学研究科博士課程修了
日本学術振興会特別研究員、明海大学不動産学部非常勤講師等を経て
2002年～2013年　東京工業大学大学院社会理工学研究科助教
現在　横浜市立大学大学院都市社会文化研究科教授　博士（工学）
専攻　都市計画
主な著書　都市縮小時代の土地利用計画（共著　学術出版社）
成熟社会における開発・建築規制のあり方（共著　技報堂出版）

藤原　徹（ふじわら・とおる）

・執筆章→5・6・14(5)章

1974年　愛知県に生まれる
1997年　東京大学経済学部卒業
2002年　東京大学大学院経済学研究科博士課程単位取得退学
2002年　東京大学大学院経済学研究科付属日本経済国際共同研センター　センター機関研究員
2003年　明海大学不動産学部専任講師（2008年より准教授、2017年より教授）
2008年～2009年　ケンブリッジ大学Land Economy学部Visiting Scholar
2019年　イワヤ産業株式会社取締役
現在　株式会社トポロジ　執行役員、横浜市立大学客員研究員、上智大学非常勤講師
専攻　都市経済学、公共経済学
主な著書　政策評価ミクロモデル（共著　東洋経済新報社）
都市経済学　第2版（共著　東洋経済新報社）

（執筆の章順）

周藤　利一（すとう・としかず）
・執筆章→11(4)章・法律関連コラム

1956年	島根県に生まれる
1979年	東京大学法学部第2類卒業
1979年	建設省入省、住宅局住宅政策調整官、土地・水資源局土地情報課長などを歴任
2011年	日本大学経済学部教授
2013年	国土交通省国土交通政策研究所所長
2015年	明海大学不動産学部教授
現在	横浜市立大学大学院都市社会文化研究科客員教授
主な著書	日本の土地法―歴史と現状［第3版］（共著　成文堂） ［新版］わかりやすい宅地建物取引業法（共著　大成出版社） 韓国の都市計画制度の歴史的展開に関する研究（大成出版社） 民法改正で変わる住宅トラブルへの対応（共著　中央経済社） 世界の空き家対策（共著　学芸出版社） 土地はだれのものか　人口減少時代に問う（共著　白揚社）

編著者紹介

齊藤　広子（さいとう・ひろこ）

・執筆章→1・2・8・9・11（1～3、5）・14（1～4、6）・15（1～3、5）章

大阪府に生まれる
1983年　筑波大学第三学群社会工学類都市計画専攻卒業
　分譲マンション供給の不動産会社勤務を経て
1993年　大阪市立大学大学院生活科学研究科後期博士課程修了
2005年～2006年　ケンブリッジ大学土地経済学部客員研究員
　明海大学不動産学部教授を経て
現在　横浜市立大学国際教養学部教授
　博士（学術）、博士（工学）、博士（不動産学）
専攻　不動産学、住居学、都市計画

主な著書　定期借地権マンションの法的課題と対応（信山社）
　住環境マネジメント—住宅地の価値をつくる（学芸出版社）
　不動産学入門—住まい・まちのマネジメント—（市ヶ谷出版社）
　これから価値が上がる住宅地（学芸出版社）
　コモンでつくる住まい・まち・人（共著　彰国社）
　新・マンション管理の実務と法律（共著　日本加除出版）

中城　康彦（なかじょう・やすひこ）

・執筆章→7・10・12・13章

1954年　高知県に生まれる
1979年　名古屋工業大学大学院工学研究科修士課程修了
2004年～2005年　ケンブリッジ大学土地経済学部客員研究員
建築設計事務所、不動産鑑定事務所、米国不動産投資会社勤務、建築設計・不動産鑑定・不動産コンサルティング会社経営を経て
現在　明海大学不動産学部教授　博士（工学）
専攻　不動産学
主な著書　建築プロデュース―土地・建物・権利・価値を総合的に考える―（市ヶ谷出版社）
住まい・建築のための不動産学入門（共著　市ヶ谷出版社）
不動産政策研究総論（共著　東洋経済新報社）
企業不動産を生かす経営（共著　日本経済新聞出版社）
コモンでつくる住まい・まち・人（共著　彰国社）
建物の鑑定評価必携（共著　建設物価調査会）

放送大学教材　1710214-1-2211（テレビ）

暮らしに活かす不動産学

発　行　　2022年3月20日　第1刷
　　　　　2023年1月20日　第2刷
編著者　　齊藤広子・中城康彦
発行所　　一般財団法人　放送大学教育振興会
　　　　　〒105-0001　東京都港区虎ノ門1-14-1　郵政福祉琴平ビル
　　　　　電話　03（3502）2750

Printed in Japan　ISBN978-4-595-32327-0　C1352